差がつく 練習法

バドミントン 米倉加奈子式 攻め勝つドリル

著 **米倉加奈子** 元・日本代表コーチ

INTRODUCTION
はじめに

　現役時代の私のイメージを、どちらかといえば、徹底して守って勝つという、守備型のプレーヤーだと記憶されている方も多いかもしれません。その私が今回、「攻めて勝つ」をテーマに書籍をまとめることになったのですから、驚かれた方もいらっしゃるでしょうか。

　守りから攻めへと私の意識が変わったきっかけは、ルールの変更が大きく関係しています。ラリーポイント制になり、より攻撃力が必要になり、変わっていくことが求められたからでした。

　以来、この本の大きなボリュームゾーンとなっているスマッシュ&ネットを、攻撃の練習メニューとして重点的に取り入れてきました。スマッシュ&ネットはバドミントンの非常に魅力的な攻撃です。ネットで仕掛けて、ノータッチでスマッシュが決まったときの快感は言葉になりません。

　道具の進化もあり、いまバドミントンはより高速化し攻撃的になっています。自分から攻めていかなければ、なかなか勝利には届かないのです。

そんなことからこの本では、スマッシュ&ネットを中心に、守りながら攻めて勝つ方法を取り上げていきます。
　ご紹介するステップやノック、パターンといった練習法は、みなさんにもおなじみのメニューかもしれません。大切なのは、その同じメニューに取り組むときに、何を意識したらいいのかということ。意識の持ち方によって、身につくものは大きく変わってきますので、「なぜ必要か」「意識すべきことは」という点を細かく伝えていきます。
　とくに私が重要視しているのは、移動する際のリズム、足運び、打つときの体の使い方です。紹介する練習メニューのポイントとして、繰り返し解説していきますので、ぜひ試してみてください。この本が、みなさんのプレーの上達に、少しでもお役に立つことができたら幸いです。

米倉加奈子

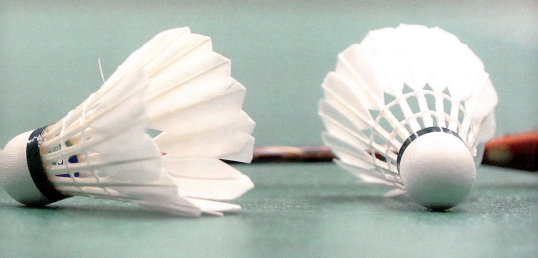

本書の使い方

本書では、写真や図、アイコンなどを用いて、一つひとつのメニューを具体的に、よりわかりやすく説明しています。やり方やコート図を見るだけでも、すぐに練習をはじめられますが、写真によるポイント解説を読むことで、練習への理解度を高めて、より効果的な練習にすることができます。右利きをモデルにしています。左利きの人は左右を入れ替えて行いましょう。

▼身につく能力が一目瞭然

バドミントンに主に必要な5つの能力のうち、練習で身につけられる能力を表示。

▼シングルスSとダブルスD
シングルスの練習をS、ダブルスの練習をD、両方の練習をSDと示しています。

▼ポイントを知ろう

練習をするにあたり、気をつけたいこと。テクニック、体の使い方、動き方など、くわしい注意点をここで確認してください。

▲なぜこの練習が必要か？

この練習を行う目的、意識するべき点を簡潔に示しています。漠然と練習をこなすのではなく、なぜこの練習を行うのか、意識することが大切です。

▲練習の順番を確認
相手の球出しから練習者の打球まで、コート図を使って展開を掲載。練習者はAとしています。ラウンド側を使っての紹介が多いですが、逆サイドでも練習してください。

本書の構成と特徴

- 「動きの基礎」、「スマッシュ&ネット」、「打ち分け」、「加速」、「ドライブ」と、攻め勝つために必要なテーマごとに章を分けて練習メニューを紹介しています。各章では、そこで紹介する動きやショットの基本ポイントをまずお伝えし、その後、練習メニューを紹介しています。

- 基本的には難易度の簡単なものから順に並べていますが、興味のあるメニューから取り組んでみてください。巻末の索引は、自分の課題や知りたいショット名などから練習メニューを見つけるのに役立ちます。

- どの練習でも気をつけてほしいのは、足運びのリズム。右足、左足をわかりやすく表現するため、ここではモデルの男性に片足ずつ違う色のシューズを履いてもらっています（右足が白、左足は赤）。

▼球出しの注意点

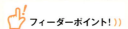

ノックを出す人（フィーダー）が意識するべきこと。立ち位置や球出しのリズムなど、とくに注意したいことを示しています。

▲レベルアップのメニュー

その前に紹介している練習メニューより、難易度が上がったアレンジメニュー。よりレベルアップしたいときに挑戦しましょう。

▲土台作りの練習法

その前に紹介している技能をマスターするための、土台作りの練習を「レシピ」の名で掲載しています。上達のための秘訣ともいえます。

CONTENTS
目次

2		はじめに
4		本書の使い方

第1章 動きの基礎を身につける

12		基本の動きを連続写真で学ぶ
14	Menu 001	コートダッシュ
20	Menu 002	トライアングルダッシュ
22	章末コラム①	あこがれの選手をつくろう

第2章 スマッシュ&ネットで攻める

26		基本のスマッシュを連続写真で学ぶ
28		基本のスマッシュのポイント
36		基本のヘアピンを連続写真で学ぶ
38		基本のヘアピンのポイント
42	Menu 003	手投げノック　速いタッチでスマッシュを打つ
46	Menu 004	手投げノック　高さの異なる球を速いタッチでとる
48	Menu 005	手投げノック　打ったあとのリズムを意識する
50	Menu 006	ノック　左右に動いて打つ
56	Menu 007	手投げノック　ヘアピンの打ち方を覚える
60	Menu 008	手投げノック　「タタッ」のリズムで前に出て打つ
62	Menu 009	手投げノック　動きをプラスして前に出て打つ
64	Menu 010	1対1のネット勝負　シャセを使ってネット前で打ち合う
68	Menu 011	ノック　スマッシュを打ってまっすぐ前へ出てヘアピン
70	Menu 012	ノック　ヘアピンを打ってまっすぐ下がってスマッシュ
74	Menu 013	ノック　打ってクロスに走る

76	Menu 014　ノック　打ってクロスに下がる
78	Menu 015　ノック　どのコースに来ても連続で打つ
80	基本のクロスネットを連続写真で学ぶ
82	基本のアタックロブを連続写真で学ぶ
84	基本のプッシュを連続写真で学ぶ
86	基本のクロスネット、プッシュのポイント
87	基本のアタックロブのポイント
88	Menu 016　1対1のパターン　ネット前からの攻撃を磨く①
91	Menu 017　ノック　ネット前からの攻撃を磨く②
92	Menu 018　2対1のパターン　プッシュの感覚を磨く
94	章末コラム②　一石二鳥の練習メニュー、スマッシュ＆ネット

第3章　打ち分けて攻める

98	基本のカットを連続写真で学ぶ
100	基本の攻めのロブを連続写真で学ぶ
102	基本のカットのポイント
103	基本の攻めのロブのポイント
104	Menu 019　ノックと1対1のパターン　カットでコースを打ち分ける
106	Menu 020　2対1と1対1のパターン　クリアーとカットでコースを打ち分ける
108	Menu 021　2対1のパターン　ネット前から打ち分ける
110	Menu 022　ダブルスのパターン　ふたりの陣形を崩す
112	章末コラム③　グー・ジャーミンさんとの出会い

第4章　加速して攻める

116	基本のクリアーを連続写真で学ぶ
118	基本のドロップを連続写真で学ぶ
120	Menu 023　ノック　クロスロブに対して仕掛ける（フォア側）
122	Menu 024　ノック　クロスロブに対して仕掛ける（ラウンド側）
126	Menu 025　ノック　ストレートロブを攻める
128	Menu 026　1対1のパターン　ストレートクリアーに対して攻める①
130	Menu 027　1対1のパターン　ストレートクリアーに対して攻める②
132	Menu 028　1対1のパターン　クロスクリアーに対して攻める
134	Menu 029　1対1のパターン　相手の球を読んで攻める①
136	Menu 030　1対1のパターン　相手の球を読んで攻める②
138	Menu 031　1対1のパターン　緩急をつけて攻める
140	Menu 032　2対1のパターン　守りから攻めに転じる
142	章末コラム④　工夫次第で不得意部分も克服できる

第5章　ドライブで攻める

- 146 ──── 基本のドライブを連続写真で学ぶ
- 150 ──── **Menu 033**　ノック　左右からドライブで攻める
- 154 ──── **Menu 034**　手投げノック　スマッシュとドライブで攻める
- 156 ──── **Menu 035**　2対1のパターン　アタック力をつける
- 158 ──── **Menu 036**　2対1のパターン　後衛で崩して攻める
- 160 ──── **Menu 037**　1対1のパターン　スマッシュを押し込む
- 162 ──── **Menu 038**　1対1のパターン　低い展開からチャンスをつかむ
- 164 ──── **Menu 039**　1対1のパターン　揺さぶって攻める
- 166 ──── **章末コラム⑤**　緊張はよいもの

第6章　指導者に向けて

- 168 ──── フィーダーの技術と心得
- 170 ──── お悩み別索引
- 173 ──── 練習メニューの組み立て方

- 174 ──── **おわりに**

第1章
動きの基礎を身につける

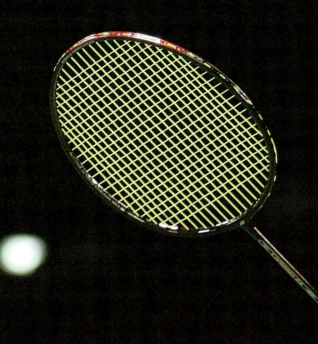

CHAPTER 1

効率よく動くため
「動きの基礎」を見直そう

　13.40メートル×6.10メートルという限られたスペースのなかで、緩急自在のシャトルを追いかけ合うバドミントン。ひとつの球を打つために、体を使い、足を使い、配球を考える。ここで求められるのが、より効率のいい動きです。
　この章では、効率よく動くため、まずコートでの動きの基礎を見直す練習メニューを紹介します。

動きの基礎を身につける

スマッシュ&ネットで攻める

打ち分けて攻める

加速して攻める

ドライブで攻める

指導者に向けて

ヨネックスオープンジャパン 2005

基本の動きを連続写真で学ぶ

コートの中を効率よく動くために、リズムが大事。
このあとの練習メニューでしっかり身につけよう

参照ページ
→ P15 リズムは「タタッ」

打つ動き

タ / タッ

進む動き

スマッシュ打ち終わり

シャセは打って戻るときに使う引きつけ足

相手が打った瞬間に小さく両足で踏むステップ「パッ」。次の球に素早く備えることができる

シャセ / パッ

参照ページ
→ P52 「シャセ」を行う

参照ページ
→ P51 「パッ」をつくる

≫ 動きの練習 Menu 001よりスタート

→ P014 Menu 001

ねらい
4カ所で動きを切り替える
コートダッシュ

リズqを意識しよう

 米倉加奈子の Let's try

どんなショットを打つときにも、どの練習をするときにも、意識してほしいのが、リズム。2歩進むときに「タンタン」と2拍子ではなく、いつでも「タタッ」と1拍子で移動するように心がけましょう

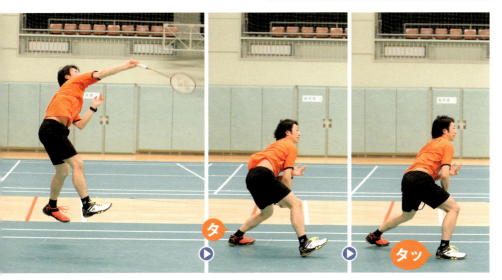

動きの基礎を身につける

4カ所で動きを切り替える

ねらい

Menu **001** コートダッシュ

難易度 ★☆☆☆☆
回数 2周×3セット

» 主にねらう能力

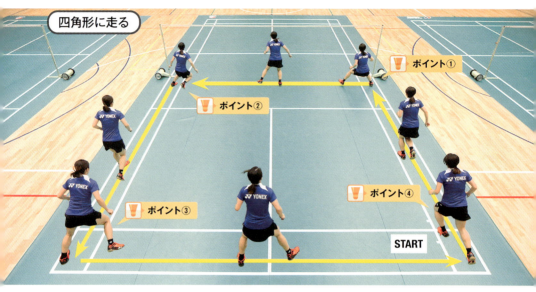

四角形に走る

ポイント①　ポイント②　ポイント③　ポイント④　START

▼やり方

フォア奥▶フォア側ネット前▶バック側ネット前▶ラウンド側▶フォア奥と、各コーナー4カ所で方向転換を行いながら前後ダッシュ、サイドステップ。右回り、左回りとも行う

トップスピードで回ろう

トップスピードでコート内を回るようめざす。そうすると、ラインをはみ出て時間をロスしてしまうことが多い。コーナーをいかに失速せず、切り替えられるかがカギ

米倉加奈子の Let's try

? なぜ必要？

プレーのリズムは足元からつくる

打つときも動くときも「タタッ」と1拍子のリズムで動けるようにするため。「タタッ」と口に出してやると効果的。遊び感覚で楽しみながら、このリズムを体に染み込ませよう

ポイント① 前から左横への動きの切り替え

フォア奥から前へ出て、フォア側ネット前からバック側ネット前へ移動するとき、前への動きからサイドの動きへの切り替えが必要になる。**右足で力**強く蹴って左足を左へ大きく送る。この動きの切り替え時のリズムが1拍子の「タタッ」。失速しないように意識しよう

左サイドへ跳びつくとき

左サイドに来た球に跳びついたり、レシーブをしたりするときに使うダッシュ。小さな動きで前から横に体を切り返せるよう、股関節を使って動いてみよう

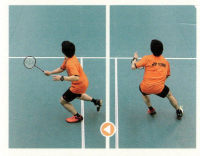

▲左サイドへ跳びつくときの動き

Important!!

リズムは1拍子の「タタッ」

「タンタン」という2拍子のリズムで打っている選手を見かけるが、これでは速いタッチで打つことはできない。求められるリズムは「タンタン」ではなく「タタッ」。「パン」と1回手拍子を打つ間に「タタッ」と動く1拍子のリズム。これが速いプレー、効率のいい動きのコツ。足のリズムが速くなれば、連動して腕のリズムも速くなる。球質向上につなげよう

ポイント② 左横から後ろへの動きの切り替え

フォア側からバック側へサイドステップでネット前を移動し、ラウンド側へ下がるときは、<u>左足で</u>力強く蹴って右足を後ろに送る。「タタッ」を意識しながら、ラインをはみ出さないように注意

 この場面で使う!

オーバーヘッドを打つとき

「タ」で左足で入って、「タッ」で右足を下げるという動きは、オーバーヘッドストロークを打つときの足運び。後ろに下がるスピードをイメージしてほしいので、サイドへの流れを、後ろへの動きに切り返せるように。「タ」を強く踏む

▲オーバーヘッドを打つときの足運び

床を踏むことで加速する

米倉加奈子の Let's try

「タタッ」のリズムのとき、「タ」で入って、次の「タッ」で両足でコートを踏む。この「踏む」という動作で、動く方向を切り替え、なおかつ、スピードを作り出す

ポイント③ 後ろから右横への動きの切り替え

ラウンド側へ下がって、フォア奥へ動きを切り替えるときは、「タタッ」を使って**左足で強く蹴って**

右足を右方向に送り出し、サイドステップ。蹴る足の順番をまちがえないよう気をつけて

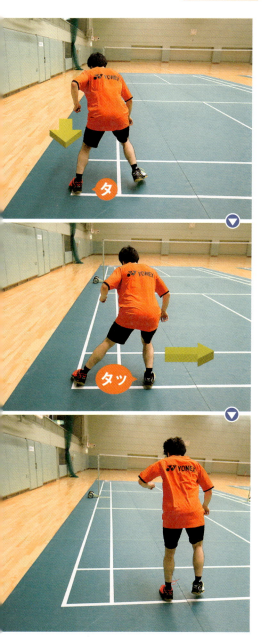

 この場面で使う!

右サイドへ跳びつくとき

右サイドに来た球に跳びついたり、レシーブをしたりするときに使う。体を切り返すとき、バックダッシュしてきた勢いで、上体がのけ反らないように注意しよう

▲右サイドへ跳びつくときの動き

 Important!!

「タタッ」の「タ」は蹴り足の「タ」

シャトルを打ちながらフットワークも練習するのは難しいもの。球が飛んでくると、どうしても球に気をとられ、足元がおろそかになってしまいがち。だから、コートダッシュはアップメニューとして取り入れて、体に染み込むまでやっておきたい。とくに**「タタッ」のリズムの1歩目にあたる「タ」は重要な1歩。これがフットワークの蹴り足となる**からで、力強く踏むことが、次の動きにつながるのだ。体の軸をぶらさないような1歩を踏めるように意識して練習しよう。足の筋トレにもなる

ポイント④ 右横から前への動きの切り替え

ラウンド側からフォア奥へサイドステップで移動したら、今度はネット前へ。動きを切り替えるときは、それまでのサイドステップから左足で力強く蹴って右足を前へ出す「タタッ」

オーバーヘッドを打ったあと

前に出るときや次の球に対する加速、オーバーヘッドストロークを打ったあとの戻りのときなどに使うダッシュ。「タタッ」を口ずさみながら、リズムよくダッシュしよう

▲オーバーヘッド後の足運び

Extra

バドミントンのリズムは「タタッ」「シュッ」で

バドミントンは、飛んできた球をバウンドさせることなく、ダイレクトに打たなければならない。しかも、伸ばした腕の先にあるラケットの長さも考えて打たなければならないため、複雑なリズムが要求されるのだ。リズムよく打つためには、「タタッ」「タタッ」と口に出しながらやることにプラスして、打つ瞬間にスイング音をまねて「シュッ」。「タタッ」「シュッ」と言いながら、練習してみよう

> Level UP!

コートダッシュのアレンジメニュー

サービスラインとバックバウンダリーラインを利用して、
「タタッ」のリズムをより速く確実に

▼やり方

グループを組み、ダブルスのロングサービスラインとバックバウンダリーラインを結んだ4つのラインで追いかけっこをする

半分のエリアでもやってみよう

さらに使える「タタッ」にしよう

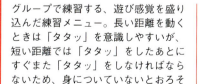
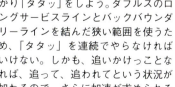

米倉加奈子の
Let's try

グループで練習する、遊び感覚を盛り込んだ練習メニュー。長い距離を動くときは「タタッ」を意識しやすいが、短い距離では「タタッ」をしたあとにすぐまた「タタッ」をしなければならないため、身についていないとおろそかになりやすい。この練習で速くしっかり「タタッ」をしよう。ダブルスのロングサービスラインとバックバウンダリーラインを結んだ狭い範囲を使うため、「タタッ」を連続でやらなければいけない。しかも、追いかけっことなれば、追って、追われてという状況が加わるので、さらに加速が求められる

動きの基礎を身につける

斜めに切り返す

ねらい

Menu 002 トライアングルダッシュ

難易度	★☆☆☆☆
回数	2周×3セット

» 主にねらう能力（ラケットワーク／フットワーク／考える力／スピード／コントロール）

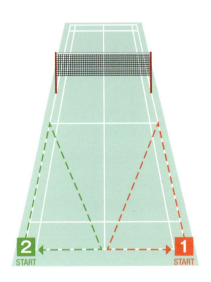

▼やり方

1. フォア奥からネット前までダッシュ。そこからバックバウンダリーラインとセンターラインが交差する地点まで斜めにバックダッシュし、フォア奥へサイドダッシュ
2. ラウンド側からネット前へダッシュ。そこからバックバウンダリーラインとセンターラインが交差する地点へ斜めにバックダッシュし、ラウンド側へサイドダッシュ

ラウンド側に下がる動きを身につける

フォア前からセンターのコースを進む **1** は、<mark>ラウンド側へ下がるときと同じ動き</mark>。右利きの場合、利き手とは反対の左側へ下がることになる。大切な動きなので練習で身につけよう

米倉加奈子の Let's try

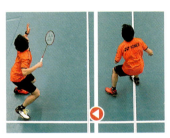

▲ラウンド側へ下がるときの動き

小さく体を切り返す

ネット前から斜め後ろに下がるとき、進む方向の足を少し出してから、腰を切り替えて下がる。腰と股関節を使うことで、小さな動きで体を切り返す感覚を覚える

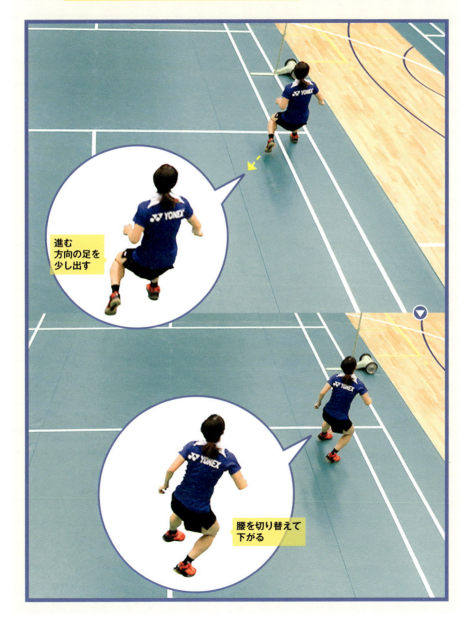

進む方向の足を少し出す

腰を切り替えて下がる

コラム 1

あこがれの選手をつくろう

　いい時代になりました。私が子どもの頃は、世界のトッププレーヤーのプレーを映像、画像として見る機会なんて、ほとんどありませんでした。そもそもバドミントンが、まったく取り上げられなかったわけですから。ところが今や、テレビ、DVD、インターネットの動画などなど、手軽に一流選手のプレーを見られます。本当に、いい時代なんです。

　ぜひ、活用してください。映像や画像を見て、「あこがれの選手」を探してください。プレースタイルや体のつくりが似た選手が、いいですね。「あこがれ」の彼、彼女がどんな動きをしていたか、頭のなかで思い起こす。

それは、あなただけのための「バドミントン教本」になります。イメージして、プレーすることは、大事なことです。

　ナショナルチームのメンバーにも、実は「あこがれの選手」に近づこうと努力している選手は、何人もいます。男子選手の場合、「あこがれ」と実際に試合で当たると、こちらまで緊張が伝わるような動きになってしまいます。ところが、女子は、「あこがれ」に、強気で挑み、張り切って戦える選手が多いように感じます。

　この違い、どうしてなんでしょうか。どなたか、分析して、教えてください。

第2章
スマッシュ＆ネットで攻める

CHAPTER 2

チャンスを探るための「スマッシュ&ネット」

　スマッシュ&ネットはみなさんご存じのとおり、攻めて勝つためのもっとも基本となる練習メニューです。ネット前で相手を崩し、どのようにスマッシュチャンスをつくったらいいのか。この章ではそのための練習だけを取り上げました。
　スマッシュ&ネットでもっとも重要なのは、第1章で学んだ「タタッ」のリズムです。これをしっかり使いこなして、チャンスを見つけてください。

- 動きの基礎を身につける
- スマッシュ&ネットで攻める
- 打ち分けて攻める
- 加速して攻める
- ドライブで攻める
- 指導者に向けて

基本のスマッシュを連続写真で学ぶ

オーバーヘッドストロークから打つ代表的なショット。
フィニッシュにつながる、華のある1本だ

横から
半身の体勢となる。十分なタメをつくる
両足を使ってジャンプ
足からの力を腕に伝えながら

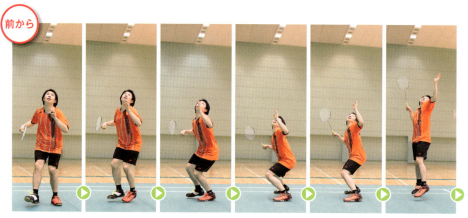

前から

質の高い1本をめざそう

するどく、パワーとスピードのあるスマッシュは勝敗を決める1本。質の高い1本を打つためには、ラケットワークだけではなく、さまざまな身体的な要素が必要だ。その一つひとつを確認して、よりよいスマッシュを打てるようにしよう

米倉加奈子の **Let's try**

≫ スマッシュの練習 Menu 003よりスタート

→ P042 Menu 003

ねらい 速いタッチでスマッシュを打つ
手投げノック

- 空中で足を入れ替えて打つ
- ラケットを振り抜く
- 前傾姿勢となり、両足で着地

基本のスマッシュのポイント

ポイント① 肩甲骨を意識しよう

腕の始まりは背中にある肩甲骨と覚えておこう。その証拠に、腕を思いきり上に上げてみよう。肩甲骨が一緒に動いていることがわかるはずだ。これが「肩甲骨から動かす」ということ。重くて強くてキレのあるスマッシュを打つには、ここを意識してプレーすること

▲肩まわりを意識しながら、まずは両手を軽く開いた状態で上に上げてみよう

▲続いてヒジから斜め後ろに下ろしていくと、肩甲骨の動きをよりしっかり感じられる

ポイント② 胸を張る

肩甲骨を使うといってもどうやったらいいかわからないという人も多い。そんな人は胸を張ってみよう。こうすると、ポイント①のように、自然と肩甲骨が中央に寄るかたちをつくることができる。このとき、ヒジは肩のラインより下に下げないよう気をつけて

» 猫背にならないように

ポイント③

肩を回す

オーバーヘッドストロークでは大きく肩を回して打つ。しかし、この「回す」という動作ができていなくて、腕から押し出すようなフォームになっている人がいる。これも上達を妨げる原因のひとつ。しっかり大きく回せるようにしておきたい

ヒジを回転させながらラケットを振る

ヒジを引いていない

ヒジを引かずに腕を振り下ろす打ち方はNG

肩をしっかり回そう

米倉加奈子の Let's try

肩がしっかり動いているかどうか、チェックしてみよう

▲やり方　❶回すほうの肩を手でつかむ　❷そのまま肩から手を離さずに大きく回す

ポイント④ 体のねじり力

パワーのあるショットは、コートを踏み込んだ下半身からの力を腕に伝えるところから生まれる。このために必要なのが、体を「ねじる」動作。ひねるというよりも、体の中心に向かって左右から力を入れて絞るように「ねじる」。この動作によって中心に集まったパワーが逃げないよう、左足を壁にして腕に伝える

ポイントA
重心を移動させる、大きく踏み込むなど、股関節はしなやかに動かす

ポイントB
左足から右足へ、上体を上にねじり上げるようにしながら重心を移動させ、両足でジャンプ。この間、すばやく！

ポイントC
ラケットを握る右半身は自由に動かせる状態にしておく

ポイントD
重心を移しながら、ねじり上げたパワーをシャトルに伝える

肩甲骨を柔軟にする

いいショットを打つためには、肩甲骨がしっかり動くようにしておきたい。ストレッチで柔らかな肩甲骨をつくろう

> **▼ やり方**
> ❶ 肩甲骨を意識しながら、しっかりと動くよう思いきり両腕を上げる
> ❷ そこからゆっくりと胸を開くように両サイドに腕を下ろし、肩の高さで止める

ヒジを下げないように注意

 Extra

打点の感覚を確認しよう

初心者はスマッシュの練習を始める前に、素振りで打点の感覚をチェックしてみましょう。ヒモでつないだシャトルを上から吊るし、スマッシュの打点位置にセット。左ページ写真左から2番目のテイクバックの状態からスイングして、ラケットを前に振り出す。フルスイングすると、フォームが崩れる可能性があります。まずは打点を覚えましょう

シャトルを吊るす位置はラケットの長さとジャンプする距離を考えてセット

打点は肩からまっすぐ伸ばしたところ

股関節トレーニング

テクニックを支えるのが下半身。
その要となる股関節をしなやかにしておこう

 ポイント

つなぎ目を大切に

球を打つのが上半身ならコートを動くのは下半身。そのつなぎ目にあたる股関節は可動域と力強さが必要とされる。大切なパワーの源なので、十分にほぐしておきたい。腰とヒザのケガの予防にも役立つ

▼ 回数と効果

それぞれ10回ずつ行う。足を下ろすときは床につけないこと。柔軟性を高め、可動域を広げるだけでなく体幹も鍛えられる

［仰向けになる］

1 ヒザを曲げずに片足を上げる
▶ゆっくり下ろす

下ろした足を床につけない

2 ヒザを曲げずにつま先を外側に向けて上げてゆっくり下ろし、次に内側に向けて上げ、ゆっくり下ろす

▲ 外側

▲ 内側

3 片足ずつ床すれすれに動かし、大きく広げて戻す

4 開いた足の間にパートナーに立ってもらい、その人に当たらないように足を上に上げる

[横向きになる]

1. 上体が「一」の字になるようにまっすぐ横になる。お尻を突き出したような「く」の字にならないよう気をつけて。その状態から上になった足をそのまま上に上げ、ゆっくりと下ろす

2. 斜め45度に上になった足をキープ。下の足を上に持ってくる

3. 上の足を前方に動かし、90度程度広げたところからそのまま足はピンと伸ばしたまま上げる。このとき、パタンと仰向けにならないよう気をつけること

ここで仰向けにならないように

4. 上の足を前後に動かす

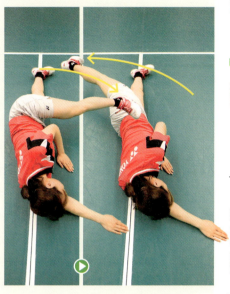

5. 上の足を床から45度にキープしたまま下の足を前後に動かす。このとき、上になった足はそのままの状態をキープする

［うつ伏せになる］

1 付け根からゆっくりと足を上げて、下ろす。
このとき、上半身は床につけたまま

2 片足ずつ床すれすれに動かして開き、
開ききったところから上に上げる。
3センチ程度上がればOK

Extra
プレーの上達とケガ予防のために

　緩急自在のシャトルを打ち合うバドミントンは、とてもハードなスポーツのひとつ。そのため、ラケットを振る肩やヒジ、手首はもちろんのこと、ヒザ、腰、足首など、あちらこちらにケガが生じやすくなります。

　現役時代、私は重りを両足につけてフットワークを行っていたこともあります。ここで紹介した股関節トレーニングは、ウォーミングアップの前に10回ずつ3セット、1キロの重りをつけて行っていたものです。31歳のときに引退しましたが、このメンテナンスがあったから、その年齢までトップアスリートとして競技し続けることができたのではないかと考えています。

　みなさんもぜひ、強くなるだけでなく、楽しくバドミントンを続けるためにも、トレーニングやストレッチを行ってください。

肩まわりのトレーニング

肩まわりをしっかり使えるようストレッチしておこう

▼ 用意するもの
タオル

▼ やり方
① タオルの両端を握って肩幅程度に開く
② 足を通して背中に回し、頭上を通して前に戻す

 ポイント

質の高い1本のために

肩の柔軟さは、スイングのためになくてはならないもの。しっかり伸ばそう

基本のヘアピンを連続写真で学ぶ

ネット前からネット前に小さく落とすショット、ヘアピン。
攻撃のカギともいえるヘアピンの基本を紹介しよう

打ち終わったあと、すぐに力を抜かない

ネット前のショットも打って終わりではない。打ち終わったあと、すぐに力を抜かないで、シャトルをコントロールする意識を持つこと。このことを、ここでは「フォロー」という。腕の付け根にあたる部分でしっかりラケットを支えて、最後までしっかり打ちきりたい

米倉加奈子の **Let's try**

≫ ヘアピンの練習 Menu 007よりスタート

→ P056 Menu 007

ねらい **ヘアピンの打ち方を覚える**
手投げノック

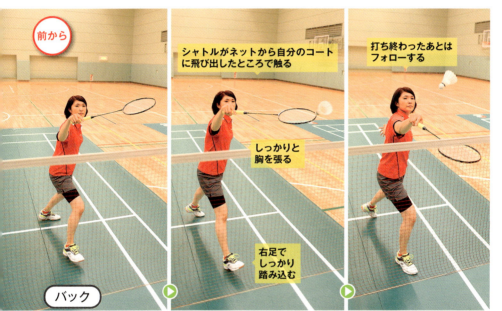

前から

シャトルがネットから自分のコートに飛び出したところで触る

しっかりと胸を張る

右足でしっかり踏み込む

打ち終わったあとはフォローする

バック

横から

動きの基礎を身につける / スマッシュ&ネットで攻める / 打ち分けて攻める / 加速して攻める / ドライブで攻める / 指導者に向けて

37

基本のヘアピンのポイント

ポイント① ネット前の入り方

ネット前に入るときは、上体を立てて胸を張り、その上体を背中と足でしっかり支えよう。この姿勢で打てば、次の球にすぐに備えることができる。

NGは、上体が前に傾いて顔が下を向いてしまう姿勢。これでは相手コートが見えなくなり、後ろに打たれたら反応が遅れてしまう

足と背中で支える
右足でしっかり踏み込み、左足の内側と背中で支える

上体が倒れている
下を向いては相手が見えない

Coach BOX Q&A

Q 高い打点でヘアピンを打ったはずなのに、相手にきれいなロブを上げられます

A コルクがネットを越えたところでとってみよう

まず、どんなヘアピンを打ったのでしょうか？ スピンネットであれば、だいたいが有効ですが、シャトルが回転することで、下に落ちるまでに時間がかかり、相手にタッチする（打ち上げる）時間を与えてしまうことも考えられます。そこで、チャレンジしてもらいたいのが、速いタッチでのヘアピン。シャトルのコルクが、ネットを越えて顔を出してきたところで打つのです。回転をかけずに打って、より速く落とすことができ、相手は打ち上げづらくなります。状況に応じて、2種類のヘアピンを打ち分けてみてください

ポイント② タタッと重心移動

ネット前には『タタッ』のリズムで素早く入り、股関節から足を出すイメージで、大きく前に踏み込む。打つときは、左足から右足へと力の移動を始め、同時に両足、股関節を使って勢いを吸収させながら打つことで質を高める。また、打ち終わってすぐラケットを下げずにフォローを行うことで、シャトルをコントロールする。打つとき、フォローするときは、踏み込んだ足だけにかかるような前重心ではなく、後ろの足と背中で支えることが必要。

股関節から足を出すイメージで

打つときからフォローにかけて左足から右足へ力を移動させる

❌ ここに注意！

≫ ドンと床に落ちる

大きく左足を蹴り上げ、踏み込み足（写真は右足）がドンと床に落ちるようなフットワークは避けたい。ネットに届かないヘアピンになる恐れがある。左足から右足へと重心を移動させ推進しながら打つことで、質を高めることにもなるし、踏み込む足のケガ防止につながる

左手でバランスを取り
左足でしっかり蹴る

②　　　①

高い打点、
速いタッチで

打つ瞬間、
重心は前へ

⑥　　　⑤

スマッシュ&ネットで攻める

速いタッチで
スマッシュを打つ

ねらい

Menu 003 手投げノック　SD

難易度 ★☆☆☆☆
回　数 10回×3セット

» 主にねらう能力

❷ストレートスマッシュ

check!
☑ 足に合わせて腕も素早く振る

▼やり方

1. フィーダーはラウンド側に球を出す
2. Aはジャンプしてスマッシュする

👆 **フィーダーポイント！**》
Aがジャンプして届く高さに球を出す

❓ **なぜ必要？**

基本なくして上達なし

まずはスマッシュ&ネットの基本となるスマッシュだけを取り出して練習する。より高く、より速いタッチを覚えよう

フィーダー ❶高めの球
練習者A ❷ストレートスマッシュ

ポイント① 素早いタッチは手首の振りがカギ

▲打つ瞬間は紙鉄砲を鳴らすようにスナップを利かせる。グリップを握るように紙鉄砲を握り、ヒジを回転させて、パンと鳴らす瞬間、力を入れて手を握る

▲振り出しの状態でラケットを持ってもらって十分な負荷をかけた状態をつくり、手を離してもらう。こうすると、手首は自然に素早く振れる。ラケットの先が飛び出していく感覚を覚えよう

打つ前の「タタッ」を意識しよう

高く飛んできた球の下に素早く半身になって入り、打つ。このとき「タンタン」と2拍子のリズムのステップで入っていては素早いタッチで打つことはできない。リズムは1拍子の「タタッ」。フィーダーから球が出たら、「タタッ」と口ずさんで打ってみよう

ポイント② スマッシュの正しい打点を覚える

高い位置でシャトルをとらえようとまっすぐに腕を伸ばしたところで打っても力は入らない。スマッシュの正しい打点は腕をまっすぐ上に伸ばした状態から、「ふっ」と力を抜いたところと覚えておこう。顔の前になる

≫ 顔より後ろでヒットしている

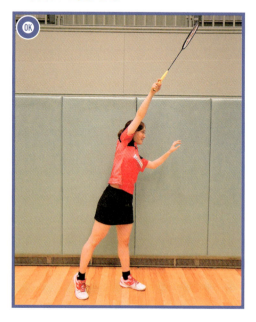

Coach BOX Q&A

Q1 全力で打っているのにスマッシュが走りません

A 打点を顔の前に

最初から力が入りすぎて、打点が後ろになっています。「タタッ」「シュッ」の「シュッ」の瞬間に力を入れ、打点は顔の前を心がけてください

Q2 自分ではスマッシュを打っているのですが、先生から「スマッシュを打て」と言われてしまいます

A 体全体のパワーをシャトルに伝えましょう

スイングを見直しましょう。ラケットをヒジだけの力で振り出しているため、腕の遠心力を使えていないのでは？ 実は私もパワーがなく「スマッシュに蚊が止まりそうだ」と言われたことがありました。絶対的パワーがなくても、足からのパワーをシャトルに伝える腕の使い方をマスターできれば大丈夫。ここまでのポイントをおさらいして練習してみましょう

スマッシュ&ネットで攻める

高さの異なる球を速いタッチでとる

ねらい

Menu **004** 手投げノック

SD

難易度 ★★
回　数 10回×3セット

» 主にねらう能力

❷ 低い球をストレートスマッシュ

check!
- ☑ 低い球のときは「タタッ」のリズムで軽快に、ラケットの振りも素早く
- ☑ 高い球のときは両足で十分パワーをためること

▼ やり方

1. フィーダーはラウンド側へ低い球、高い球を出す
2. Aはすべてスマッシュで返す

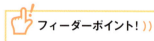 フィーダーポイント！

球の高さをしっかりと分けて出す

❓ なぜ必要？

軌道の変化に対応する

連続で低い球を打っていて、急に高い球がきたときは注意。打ち急ぐと体が伸びてしまう。まず、足でタメをつくること

フィーダー ❶低めの球
練習者A ❷ストレートスマッシュ

フィーダー ❸高めの球
練習者A ❹ストレートスマッシュ

Coach BOX

ピボットターンに注意

片方の足を軸足にして回転する、バスケットボールでいうところのピボットターン。ラウンド側へ移動するとき、左足を軸足にしてそのまま体を回転させる、このピボットターンはかんたんに半身になることができるので、使っている方もいるのではないでしょうか。

倒れる反動で速くいける気がしますが、ピボットターンでは、打点が悪くなりやすいという欠点があります。さらに足からのパワーが使いにくくなります。より強く、そして何回も打ち続けられるようにするには、下段の写真のような入り方がおすすめです

▲左足を軸足として固定して、ここを中心にして回転しているピボットターン。これではいいショットを続けて打つことができない

▲左足で軽く蹴って両足で跳ぶようにしながら半身の体勢をつくり、右足に十分なタメをつくろう

スマッシュ&ネットで攻める

打ったあとのリズムを意識する

ねらい

Menu **005** 手投げノック

SD

難易度 ★★★★★
回　数　10回×3セット
≫ 主にねらう能力

❷ストレートスマッシュ
❹速くタッチ

check!
☑ 次の球への準備をするために、着地は「タタッ」のリズムで素早く前へ

▼やり方

1. フィーダーはAと同じコートに入り、Aが打って着地したと同時に球を出す
2. Aはスマッシュを打ち、前に来た球を打つ

? なぜ必要?

コートリカバリーのため

打ったらすぐに前に出るという、コートリカバリーを目的とした練習メニュー。ネット前で打つ内容は問わない

| フィーダー | ❶高めの球 |
| 練習者A | ❷ストレートスマッシュ |

| フィーダー | ❸練習者の目の前に球出し |
| 練習者A | ❹速くタッチ |

48

ポイント① 打ち終わったあとの着地

打ちっぱなしにしないこと。空中で足を入れ替えて、右足を前にして着地。重心を残さないために、しっかりと左足でコートを蹴って前に出る。次の球のスタートというイメージで、「タ」「タッ」と、リズムよく大きく踏み出そう

ここに注意！

≫ **着地と同時に前に出る意識で**

スマッシュを打ったあとは着地と同時に前に出る意識を持って。重心が後ろに残ると次の1歩が遅れるので、注意しよう

ポイント② 着地は前傾姿勢で

次の球への準備を素早くするための着地。右足を前に出すことにより重心移動がスムーズになる。また、前傾姿勢がとれ、動き出しが速くなる。軸がぶれないように注意し、連続した攻撃をできるようにしよう

スマッシュ&ネットで攻める

左右に動いて打つ

Menu **006** ノック　　　　SD

難易度	★★
回　数	5回×3セット

» 主にねらう能力

▼ やり方

1. フィーダーは1球ずつ左右に球出しをする
2. Aはすべてストレートスマッシュで返す。シングルス／1球打ち終わったあと、ホームポジションに戻る。ダブルス／真横に動くイメージを持つこと。戻る必要はない

なぜ必要？

どこでも打てる力を

左へ右へと振られても、自分の打ちやすい場所に「タタッ」のリズムで入り、タメをつくって打つことができるようにするため

ポイント① 動きの切り替えに「パッ」を使う

相手が球を打った瞬間、または動きを切り替えるとき、取り入れたいのが「パッ」の動き。床を踏むようなステップだ。動きの切り替えと動き出しに「パッ」が入ることで、相手がどんな球を、どこに打ってくるか、見ることができるようになり、相手の球に合わせて動くことができる。同じような意味で使われているものに、相手が打ったときに反応して跳ぶスクリプトジャンプがあるが、この方法では「跳ぶ」という動作が入るため、どうしても動き出しが遅くなる。「パッ」は跳ぶのではなく、床を踏むような動き。跳ばないので、すぐに動き出せる。もっとも動き出しやすい高さ（踏み込む高さ）は自分で見つけよう

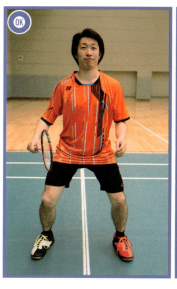

Important!! 「パッ」のつくり方

❶ 股関節に重心を乗せる。両足を肩幅程度に開き、太ももと骨盤とで、指1本を挟むようにして腰を落とす
❷ 上体はやや前傾姿勢。胸からあごにかけては、下向きではなく前を向くように。上半身は、リラックスさせておくこと

ここに注意！ お尻を引き過ぎて前傾姿勢になっている

ポイント②

着地後のシャセは細かく

シャセとは、送り足をするステップのこと。つなぎではなく、次の球の備えとして考えたい。相手が打った瞬間に「パッ」と踏みこみ、動き出しを素早くするためだ。相手の打つタイミングに合わせるには、大きくではなく、細かく行うこと。弾むのではなく、床から足が離れないようにすることが大切

ここに注意!

>> いつでも「パッ」が踏めるように

弾むようなシャセをしない。体が浮いているときに相手に打たれると、動き出しが遅れてしまう

④

③

⑧

⑦

Important!!
コートで戻る場所とは

「打ったら戻る」。これはバドミントンの基本だ。この戻る場所について、ホームポジション、つまりセンターだと考えている人は意外に多い。しかし、高く打ち上げたとき、あるいは、相手の球が読みづらいとき以外は、必ずしもセンターに戻る必要はない。戻る位置は次に飛んでくる球次第なのだ。例えば、相手が2、3度連続でクリアーを打ってくる場合や、自分が相手を押せたクリアーを打ち、相手がクリアーで振り出しに戻そうとしている場合など予測できたときには、わざわざセンターに戻らず、攻撃の態勢に素早く入れるポジショニングをする。より攻撃的になり、それと同時に体力温存にもつながる

❷ 床から足が離れないようにシャセ

❶

❻ 右足に左足を引きつけるシャセを細かく

❺

 RECIPE

気持ちよく打つ感覚を覚えよう

スマッシュの打点を覚えるには、まずその感覚を知ることが大切。
幅跳びジャンプでこのときの体の使い方を覚えよう

> ▼ やり方
> ❶ バックバウンダリーラインに両足で立つ
> ❷ できるだけ遠くへ跳ぶことを意識してジャンプする
> ❸ ❷ができるようになったら、斜め上を意識してジャンプする
> ❹ ラケットを持って素振りも加える

 ポイント

お腹を使おう

お腹と足の使い方はスマッシュを打つときと同じ

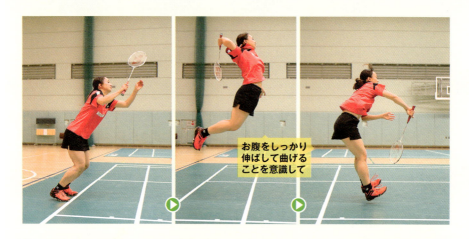

お腹をしっかり伸ばして曲げることを意識して

羽根を打つ

▼フィーダーは斜め上に球出しをする。このとき、厳しい球は出さない。チャンスボールを打たせて、足でつくったパワーを使い、正しい打点で打つ気持ちよさを体感させて

腰割りトレーニング

力士が毎日行っている四股や腰割り。これは力士だけでなく、股関節を鍛えるにはとても有効な練習方法。四股を踏まなくても、写真のような腰を割る動作によって、股関節の可動域を広げられ、股関節に重心を乗せるということを脳裏に描きやすくなる

▼ やり方

1. 両足を大きく開き、両ヒザ、両足先は外側に向け、ヒザが90度の角度になるまで腰を落とす
2. 両手を前に出し、クツ1足分ずつゆっくり前に進む

ヒザとつま先の向きをそろえる

クツ1足分ずつ進む

NG 前に倒れそうに姿勢が崩れている

スマッシュ＆ネットで攻める

ヘアピンの打ち方を覚える

ねらい

Menu **007** 手投げノック　　SD

難易度 ★★☆☆☆
時　間 3〜5分

» 主にねらう能力
ラケットワーク／フットワーク／考える力／スピード／コントロール

❷ヘアピン

▼ やり方

1. フィーダーはネット前に球を出す
2. Aはその場で1歩だけ出してヘアピンを打つ

 なぜ必要?

感覚を身につける

どのくらいラケットを振るとネットを越えるのか、まずはそのときのグリップの感覚を覚えることから始めよう。手首をしっかり上げてかまえ、左手でバランスをとり、ラケット面のどの位置に当たるといいのかということにも注意したい

フィーダー ❶ネット前に球出し
練習者A ❷ヘアピン

ポイント① 「へそベクトル」を上げ、目線は下げない

体幹が正しい状態にあるかどうかを図るのに使えるのが「へそベクトル」。打つ体勢になるとき、おへそが上を向いているか、下を向いているのか、という判断基準のことをここではそう呼ぼう。ネット前でへそベクトルが下を向いているのは、上体がまっすぐ立っていないこと、目線が下がっていることを示す。例えば、ヘアピンを打つときの理想的な目線は、ラケットの先がヒットする場所になるが、「タタッ」のリズムがなく、ネット前に両足でドンとコートにつくような入り方をした場合、へそベクトルが下がり、自然と上体は前屈み、目線は下になってしまう。へそベクトルを上げることは、高い打点でとらえることにつながる。へそベクトルを意識してやってみよう

へそベクトルを上げる

へそベクトルが下がっている
へそベクトルが下がると打球が安定しない

ドン

Important!!

肩と腕の出し方は「前へならえ」

ヘアピンを打つとき、ときどき見かけるのが手のひらや手の甲を上にしてラケットを前に出す腕の出し方。これではタイミングが遅れてしまう。肩から腕を前に出すときは、朝礼のときにやる「前へならえ」。肩からすっと「前へならえ」の形で腕を出すと、自然に手のひらが左右互いに向かい合った状態で腕が伸びる。この腕の形が、ラケットワークをしやすくする。このとき、ヒジをまっすぐ伸ばしきると逆に力が使えなくなってしまうので、ヒジは伸ばしきらないよう心がけて

「ちょうだい面」と「前ならえ面」

ヘアピンの面のつくり方でよく見かけるのが、手のひらを上にした形。子どもが「お菓子ちょうだい」と、何かをおねだりするときに手のひらを上に向けて差し出すが、これと同じ面の出し方なので「ちょうだい面」と呼びたい。このとき、面を床と平行のまま突き出すように打つだけなので、球が滑っているような状態になり、ネットを越えていかないことが多くなる。そのミスをしないためには、「前ならえ面」と「ちょうだい面」どちらも使いたい。スムーズにどちらの面にも移行できるようなグリップワークを身につけることが必要だ

「前へならえ」のように腕を出す。ヒジは伸ばしきらない

▲前ならえ面

▲ちょうだい面

 ポイント②

中指、小指をしっかり握ろう

一般に、ヘアピンの操作は親指と人さし指で行うといわれている。しかし、厳密にいうと、このふたつの指を使うのは、球を打つ最後の瞬間。人さし指と親指でラケットの先をコントロールするのに使う。球を迎えにいくときは小指から中指にかけてしっかり握ろう

球を迎えにいくとき

球を打つ最後の瞬間

ポイント③ 打ち終わってすぐに力を抜かずにフォロー

ヘアピンを打つとき、ヒジから先の部分だけを使う人がいるが、繊細なネット前のショットをきっちりコントロールして打つためには、腕の付け根から使うことが大切。腕の付け根の部分は例えるなら、みんなが大好きな鳥の手羽元にあたる部分。この手羽元からぐっと前に出してラケットを操作することで、体からの力をラケットに伝えられる。打ち終わってもすぐに手羽元の力を抜かないで、その状態をキープ。この打ったあとのフォロー動作がシャトルのコントロールにつながる

腕の付け根

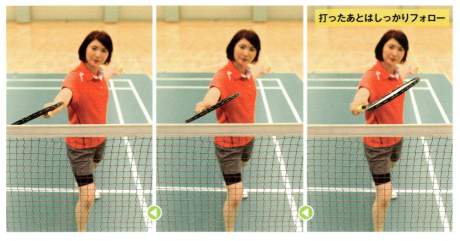

打ったあとはしっかりフォロー

ポイント④ ヘアピンはラケットの先で打つ

一般にスイートスポットといわれる部分は球が弾むところ。わずかなラケットの振動で打つヘアピンでは外したい場所だ。では、どこで打つかというと、ラケット面の斜め上、ラケットの先の部分。ここで打てば、球をコントロールしやすく、浮かずに打てる

スマッシュ＆ネットで攻める

「タタッ」のリズムで前に出て打つ

ねらい

Menu **008** 手投げノック   SD

難易度 ★★☆☆☆
回　数 10回

» 主にねらう能力
ラケットワーク／コントロール／フットワーク／スピード／考える力

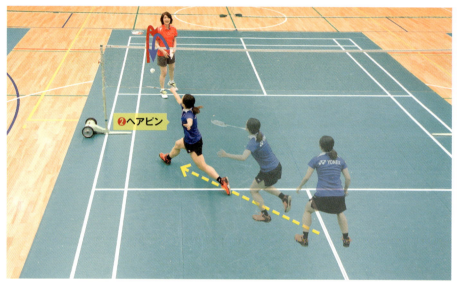

❷ヘアピン

▼ やり方

1. フィーダーはネット前の同じ方向に球を出す
2. Aはホームポジションからネット前に出て打ち、ホームポジションに戻る

? なぜ必要？

その場から動きをつけて

もっとも基本となる、その場で打つ練習からレベルアップ。ホームポジションから前に出るという動きをつけた練習だ。その場で打っていたときとは大きく感覚が異なるはず。動いても正しく返せるように練習しよう

フィーダー ❶ネット前に球出し
練習者A ❷ヘアピン

ポイント① 「パッ、タタッ」の「タ」で手も準備

ヘアピンで大切なのは、腕と足が連動していること。「タタッ」のリズムの「タ」のときに利き腕をすっと上げて準備しておかないと、ネット前に落ちてくる球のスピードに間に合わなくなってしまう。このときの腕は、ヒジを前に出ている左足の位置まで伸ばし、なおかつ、左足にクロスするように「前へならえ」していること。ここまで手の準備ができていれば、遅れず球をとらえることができる。へそベクトルもしっかり上げることを忘れずに

ポイント② お腹ごと前に出る

ネット前へは「パッ、1、2」という短い歩数で前に出る。そのため、力強い1歩が必要になるが、左足で強く蹴っただけでは、実はしっかり前に出られない。ここで必要になるのが、両足で跳んでお腹ごと前に出る動作。このお腹ごとというところが大きなポイントで、蹴ってお腹がぐっと伸びて前に出て、そこにお尻がついていくようなステップが大きな1歩を生む。この感覚を身につけるために取り入れたいのが、スキップ。何気なくやっているスキップだが、お腹ごと進むことを意識してぜひやってみよう

参照ページ **P63** RECIPE

スマッシュ＆ネットで攻める

動きをプラスして前に出て打つ

ねらい

Menu **009** 手投げノック　　SD

難易度 ★★☆☆☆
回数 10回

》主にねらう能力

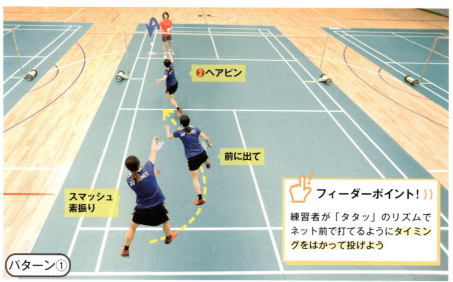

❷ヘアピン
前に出て
スマッシュ素振り
パターン①

フィーダーポイント！
練習者が「タタッ」のリズムでネット前で打てるように**タイミング**をはかって投げよう

▼やり方 パターン①

Aは一度ラウンド側でスマッシュの素振りをする
❶フィーダーはバック側ネット前に球を出す
❷Aは前に出てヘアピンを打つ

▼やり方 パターン②

Aは一度フォア奥でスマッシュの素振りをする
❶フィーダーはフォア前に球を出す
❷Aは前に出てヘアピンを打つ

▼やり方 パターン③

Aは一度ラウンド側でスマッシュの素振りをする
❶フィーダーはフォア前に球出しをする
❷Aはクロスに走って前に出てヘアピンを打つ

フォア奥からも同様に行ってみよう

Level UP!

レシーブから攻撃へ移るイメージを持つ

相手がスマッシュ＆ネット攻撃してきたとき、レシーブしたあと、
ロブを上げて守るのではなく、ネット前から攻撃につながるショットを打とう。
より高い打点をめざそう

▼やり方　パターン①
Aはフォア側サイドでレシーブの素振りをする
❶フィーダーはバック前に球出しをする
❷Aは前に出てヘアピンを打つ

▼やり方　パターン②
Aはフォア側サイドでレシーブの素振りをする
❶フィーダーはフォア前に球出しをする
❷Aは前に出てヘアピンを打つ

＊「バック側サイドでレシーブの素振り
▶フォア前でヘアピン」も行おう

＊「バック側サイドでレシーブの素振り
▶バック前でヘアピン」も行おう

RECIPE

お腹ごと進む感覚を身につける

だれもがやったことがあるスキップだけれど、実はこのスキップに大きく前に進む力の秘訣が隠れている。お腹が伸びて前に出て行く、お尻が同時に前に出るという感覚を意識してスキップしてみよう

▼やり方
サイドラインに立ち、反対側のサイドラインまで、より少ない歩数でいけるようできるだけ大きな１歩でスキップする

スマッシュ&ネットで攻める

シャセを使って
ネット前で打ち合う

ねらい

Menu **010** 1対1のネット勝負　SD

難易度 ★★☆☆☆
時　間 5分
≫ 主にねらう能力
（ラケットワーク／フットワーク／考える力／スピード／コントロール）

ヘアピン　B
ヘアピン　A
プッシュ

▼ やり方

A、B、1人ずつコートに入り、互いにヘアピンを打ち合い、甘い球が来たら攻撃に転じる

❓ なぜ必要？

足を使って打ち合う

フィーダーを相手にしたノックから、実際に打ち合う練習をする。**相手のタッチを見ながらシャセを使って前後に出ることを身につける**。まずは半面で行い、それができるようになったら全面で行う

練習者A　ヘアピン
練習者B　ヘアピン
練習者A　甘い球を攻撃

ポイント① シャセを使って動く

ネット前に出るときは「パッ」「タタッ」。打ち終わりからは「シャセ」で戻り始め、次の球に備える。このとき、すべて同じリズムではなく、メリハリをつけることが大切で、強弱でいうと「パッ」「タタッ」が強のリズム、「シャセ」は弱のリズムとなる。相手が打った瞬間に素早く動けるようにするためにも、上体の力を抜いたシャセをしよう

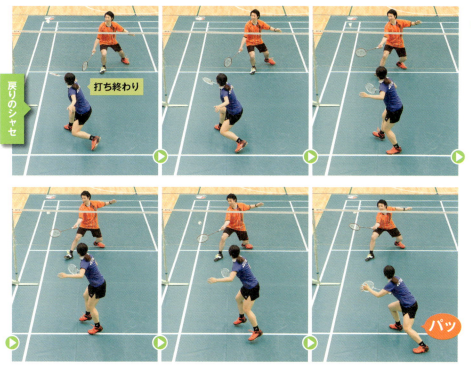

ポイント② おそれずに相手のヘアピンをねらう

ネット前で互いに球を上げたくなくて、ヘアピンを繰り返すことがある。そんなときは、相手がネット近くにいても、正確に打ちたい。さらにおそれずに相手のヘアピンをねらいにいき、突ければ有利だ。練習では、おしゃべりをしながらでも打てるぐらい繰り返しやってみよう

小指から肩甲骨につながる部分で、ラケットの先を動かし、質の高いヘアピンを打ってみよう!

外から内に切る【フォアハンド】

前ならえ面からちょうだい面へ。小指から先行し、外側から内側に動かす。
真横に動かすのではなく、少しずつネットに近づきながら

ラケットの先を横に動かしながら、ネットに少しずつ近づける

内から外に切る【フォアハンド】

ちょうだい面から前ならえ面へ。親指から先行し、内側から外側に動かす。
小指、薬指、中指をフォローまで、しっかり握る

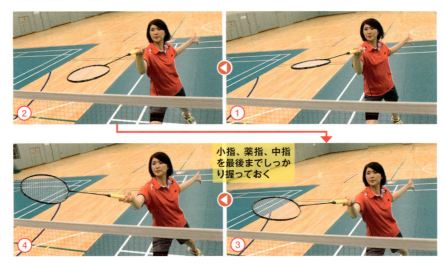

小指、薬指、中指を最後までしっかり握っておく

外から内に切る【バックハンド】

前ならえ面からちょうだい面へ。小指から先行し、外側から内側に動かす。
真横に動かすのではなく、少しずつネットに近づきながら

ラケットの先を横に動かしながら、ネットに少しずつ近づける

内から外に切る【バックハンド】

ちょうだい面から前ならえ面へ。人さし指から先行し、内側から外側に動かす。
小指、薬指、中指をフォローまで、しっかり握る

小指、薬指、中指を最後までしっかり握っておく

スマッシュ&ネットで攻める

スマッシュを打って まっすぐ前へ出てヘアピン

ねらい

Menu **011** ノック

SD

難易度 ★★☆☆☆
回　数 10回
≫ 主にねらう能力

❷スマッシュ
前に出て
❹ヘアピン

▼ やり方

1. フィーダーは高めの球を奥に出し、その延長線上のネット前に球を出す
2. Aはスマッシュを打ち、ヘアピンを打つ

フィーダー ❶高めの球
練習者A ❷スマッシュ

フィーダー ❸ネット前に球出し
練習者A ❹ヘアピン

❓ なぜ必要？

連続して攻めよう

スマッシュを打ったら終わりではない。ネット前に返された球も攻撃し、相手を追い込みたい。このとき、「タタッ」のリズムで着地して、体勢を崩さずに前に出ることを身につける

ポイント① ラケットを振り抜く

スマッシュはパワーを伝える1本。打つ瞬間は足からのパワーをシャトルに伝えるため、体には力が入っている。しかし、この力は、着地した瞬間に次の攻撃に備えて動き出すときの妨げになる。力が入ったままでは動けないからだ。この上半身の力を抜くのが、スマッシュを打ったあとのラケットを振り抜くという動作。振り抜けば球にスピードが出るのはもちろん、体の力を抜いて、次の動きにスムーズに移れる。とはいえ、下半身の力まで抜かないこと。前に出るために力が必要になる。上半身はリラックス、下半身はパワーを心がけて

ポイント② 一気に走らない

スマッシュを打って、そのまま一気に前に出ると、タイミングを外されたときに対応することができない。スマッシュを打ったあと、いったん上半身の力を抜いてシャセで戻り、相手が球を出した瞬間、「パッ」を入れて、緩んでいた状態にギアを入れ直し、「タタッ」のリズムで前に出る。ネット前へはこの弱から強へのメリハリが大切だ

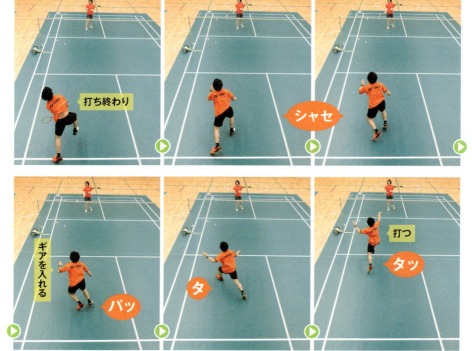

スマッシュ&ネットで攻める

ヘアピンを打って まっすぐ下がってスマッシュ

Menu **012** ノック　　　　　　　　　　SD

難易度	★★☆☆☆
回数	10回

» 主にねらう能力

❷ヘアピン
後ろに下がる
❹スマッシュ

▼ やり方

1. フィーダーはネット前に球を出し、その延長線上の奥に高い球を出す
2. Aはヘアピンを打ち、スマッシュを打つ

フィーダー	❶ネット前に球出し
練習者A	❷ヘアピン

フィーダー	❸高めの球
練習者A	❹スマッシュ

❓ なぜ必要?

効率よく下がって打つ

ネット前で打ったあと、効率よく下がってスマッシュを打つ練習。スムーズに移動し、よいスマッシュの打点まで下がれるよう意識する

ポイント① 半身になり、しっかり踏み切る

ヘアピンを打ち終わったら、後ろ足に体重を移しながら前になった右足を引き寄せ、半身になるが、このとき、軸足を使って回転するピボットターンではなく、両足で跳ぶようにして、軸をぶらさずに下がって半身になりたい。この動作を「パッ」「タッ」のリズムに置き換えると、「パッ」で打球を判断したら、最初の「タ」で両足で跳びながら後ろに下がり、次の「タッ」で半身となる。「タ」と「タッ」の動作で瞬時に球の下に入るとともに踏み切って（ジャンプして）打つ

ポイント② 下がる距離をかせいで、いい打点で打つ

「パッ」から「タ」で半身になりながら、後ろに下がる距離をかせぐことが大切。いい打点を確保するには、次の「タッ」の踏み切りで、十分に下がっておきたいからだ。さらに力をためることも必要。自由度の増すヒザを曲げた状態（股関節に重心を乗せた状態）でジャンプし、ダイナミックなスマッシュをめざそう

参照ページ
P125 RECIPE

効率よく後ろに下がるために

ラケットを使う競技のため、どうしても上半身に注目が集まるが、パワーの源は足。太ももの前にある大腿四頭筋、裏側のハムストリングス、お尻の大殿筋を同時に鍛えられるランジと呼ばれるトレーニングをやってみよう

ランジ

支えているほうの足が大切。後ろに伸ばす足は、より遠くに着地できるように

▼ やり方

腰を落とした状態で片足を上げ、そのままゆっくり大きく後ろに下げて着地。次はその足を軸に反対側の足を上げ、後ろに伸ばして着地。以後交互に後ろに進む

ポイント①

上体をぶらさずに支える

踏ん張っているほうの足はヒザを曲げた状態で、上体をぶらさずに支えること。この安定が、反対側の足の伸びになり、距離を出すことにつながる

ポイント②

体を上下させないように

目安としてラケットを頭の上にかざしてもらうといい

ラケットをかざしてもらって

Coach BOX

これが理想のテイクバック！

オーバーヘッドストロークを打つための、いわゆる「半身」といわれる姿勢。顔と前に出た足先は正面を向けながら、右肩を引くような体勢をつくります。ここが質の高いショットを打つためのスタート地点です。下半身からのパワーを伝える姿勢をめざしましょう

ポイント①
右手はラケット、左手は天、足は地

ただ半身になっただけではパワーは出ません。下半身からの力をラケットに伝えるため、しっかり胸を開いて肩甲骨を寄せ、右手はラケット、左の手のひらは天に向け、両足はきっちりスタンスをとって、コートを踏みしめましょう

ポイント②
体はねじる

下半身からの力を伝えるため、体は「ひねる」よりも絞るように「ねじる」。丹田と呼ばれるおへその左側（ポイント③で力を入れている左足内側の延長線上）を意識し、体の中心に向けて左右からねじり上げるようなイメージで、ラケットに力を伝えます

ポイント③
左足は力強く踏ん張る

左足の内側と腹筋に力を入れて軸をつくり、それをキープします

スマッシュ&ネットで攻める

打ってクロスに走る

Menu **013** ノック

SD

難易度	★★☆☆☆
回数	10回

» 主にねらう能力

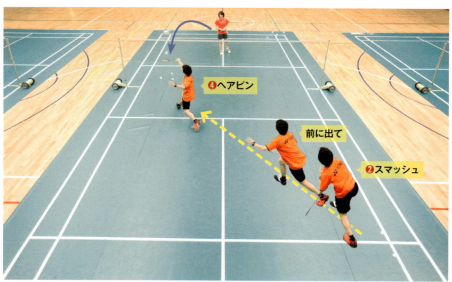

▼ やり方

1. フィーダーは奥に球を出し、Aがセンターに近づくあたりで逆の方向のネット前に球を出す
2. Aはストレートスマッシュを打って走り、ヘアピンを打つ

長い距離を効率よく動く

打ってクロスに長い距離を移動して、ネット前で打つ練習。効率よく動ける体の使い方を意識しよう

フィーダー ❶奥に球出し
練習者A ❷ストレートスマッシュ

フィーダー ❸ネット前に球出し
練習者A ❹ヘアピン

ポイント① 「パッ」を入れてクロスに走る

スマッシュを打ったら細かなシャセに移り、フィーダーが球を出した瞬間に「パッ」を入れ、飛んでくるコースを読んでクロスにフットワークするが、「パッ」と同時にへそベクトルを進む方向に向けて動くことが大切。これが効率のいい動きにつながる。フォア奥からバック前、ラウンド側からフォア前はコート上でもっとも長い距離。効率よく動くためには大きな1歩が要求される

パッ　相手を見て、飛んでくるコースを読んでクロスにフットワーク　大きく踏み込んで打つ

RECIPE

腰の切り替えを身につけよう

左右に動くときに必要な腰の切り替え。
重心をスムーズに移動させて動けるように練習しよう

▼やり方　「パッ」の姿勢から左右へ。
股関節から動かすようにその場でステップ

ポイント

腰を上下させないように

この場面で使う！

右前に出るとき
ラウンド側に下がるとき

パッ

左前に出るとき
フォア奥に下がるとき

スマッシュ&ネットで攻める

打ってクロスに下がる

Menu **014** ノック　SD

難易度 ★★
回数 10回
主にねらう能力

❷ヘアピン
後ろに下がる
❹スマッシュ

▼ やり方

1. フィーダーはバック前に球を出し、Aがそれを打ったらフォア奥に球を出す
2. Aはヘアピン、ストレートスマッシュで返す
3. ラウンド側も同じように行う

 なぜ必要?

長い距離を下がってもしっかり強打

ヘアピンを打ったらクロスに下がってスマッシュ。長い距離を下がるのでスタミナも要求されるが、効率よく足を運び距離をかせいで力を蓄えるように

フィーダー ❶ネット前に球出し
練習者A ❷ヘアピン

フィーダー ❸フォア奥に球出し
練習者A ❹ストレートスマッシュ

ポイント①

フォア側への下がり方

フォア奥は強打しやすい場所。しかし、利き手側でどこでも打てるため、打点の位置取りが疎かになり、質の高い球が打てないということになりやすい。いい打点を確保し、いいジャンプをするためには、「タタッ」のリズムでしっかり球の下に素早く入ること。「パッ」から続く「タ」のときの1歩を大きくすることを忘れずに。距離を出しつつ力を蓄えジャンプすれば、強打することができるようになる。また、スマッシュ後の着地もしっかりと。ここがぶれるとサイドアウトにつながる

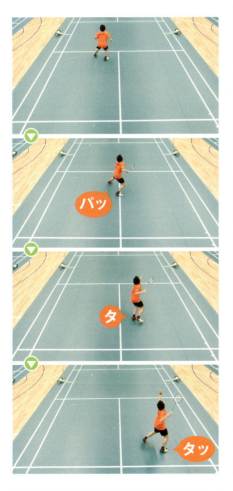

ポイント②

ラウンド側への下がり方

ラウンド側はどうしても球が飛んでくる方向につられ、体が開きやすくなってしまう。シャトルを目で追うよりも先に半身の体勢をつくってしまうことが、このときのポイントだ。また、半身になるときは、左手を前に出すこと。これが次の右足につながる

シャトルを目で追うのに気をとられて、半身の体勢をつくれていない

後ろ重心になっている

スマッシュ&ネットで攻める
どのコースに来ても連続で打つ

ねらい

Menu **015** ノック

SD

難易度 ★★★
回数 10回

主にねらう能力

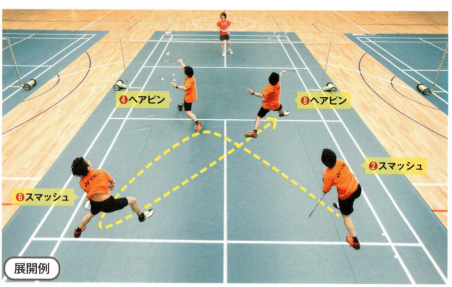
展開例

▼ やり方

1. フィーダーは後ろ、前と順番に球出しをする。フォア側、バック側は自由に
2. Aはネット前はヘアピン、フォア奥、ラウンド側はすべてスマッシュで返す

？ なぜ必要？

総仕上げとして目的に応じて

スマッシュ&ネットの総仕上げ。通常は10回、崩れずできるように。試合前はスピードを重視して6回、すべて力を出し切るように。目的を変えて使うことができる

展開例

| フィーダー | ❶フォア奥に球出し ❸バック前に球出し |
| 練習者A | ❷スマッシュ ❹ヘアピン |

| フィーダー | ❺ラウンド側に球出し ❼フォア前に球出し |
| 練習者A | ❻スマッシュ ❽ヘアピン |

フィーダーポイント！ 》

◀練習者は、どのコースに来てもしっかりと体のねじり上げを使ってスマッシュを打てるようにすることが大切。フィーダーはただ球を上げるのではなく、練習者の体をねじり上げる力を引き出せるよう、攻めのロブ（P100）のような低めの軌道を通って高くなっていく球出しを心がけたい。下から一気に高く打ち上げると練習者の体が浮いてしまい、ねじり上げることができないので注意しよう

Extra

勝負どころで使えるように

最初にお話したとおり、スマッシュ＆ネットは攻めるバドミントンの基本であり、とてもきついプレーです。何度も前後に走り、しかも強打をするので体力も消耗するからです。しかし、点数を動かしたいとき、あるいは試合の終盤、必ず必要な場面が出てきます。ですから、スマッシュで決めるイメージのなかった私ですら、勝負どころで使いたいため、この練習には、時間を割きました。踵が痛くて足がつけないときも練習したほどです。必要になる場面は、たいていはきついなと感じているとき。どんな場面でも正確に打ちこめるよう、気迫をこめて繰り返し練習しましょう

基本のクロスネットを連続写真で学ぶ

ネットを飛び越えてきた球をクロスに打ち返すクロスネットは、ヘアピンのバリエーションのひとつ。相手の逆をついたり、長い距離を走らせるなど、うまく使うと優位に立てるようになるショット

≫クロスネットを含む主な練習Menu

P088 Menu 016

ねらい
ネット前からの攻撃を磨く①
パターン1対1

Extra
ヘアピン？ ネット？

クロスネットの対をなす名に「ネット」があります。ヘアピンをストレートに落とすときによく使います。まさにスマッシュ&ネットのネット。同じショットでも複数呼び方がありますが、本書の基本表記はヘアピン（ストレートヘアピン）、クロスネットとしています

前から / バック
「タタッ」のリズムと「前へならえ」で入って、面をシャトルに合わせて打つ
右足で大きく踏み込む
打ち終わったあとはフォローする
両足と背中で支える

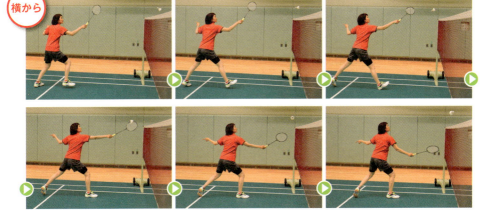

横から

基本のアタックロブを連続写真で学ぶ

守備的なロブよりも低めのフライトで、するどく飛ばすアタックロブ。体勢を崩している相手に効果を発揮する1本だ

≫アタックロブを含む主な練習Menu

P088 Menu 016

ねらい：ネット前からの攻撃を磨く① パターン1対1

前から / バック

- ネット前でしっかり胸を開く
- 両足と背中で支える
- 「タタッ」のリズムを利用して、ラケットの先で叩く

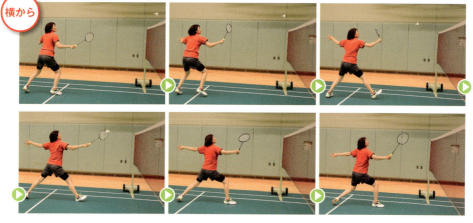

横から

83

基本のプッシュを連続写真で学ぶ

ネット際に上がった甘い球を、その名前のとおり、
相手コートに押し込むプッシュ。ネットプレーの攻撃的な1本だ

≫ プッシュを含む主な練習Menu

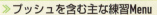

P091 Menu 017
ねらい ネット前からの攻撃を磨く②
ノック

P092 Menu 018
ねらい プッシュの感覚を磨く
パターン2対1

- ヒジをしっかり上げる
- 手足のリズムを合わせ、「タタッ」のパワーを使ってラケットの先で打つ
- ネットに触れないように気をつける

前から / バック

横から

基本のクロスネットのポイント

ポイント　クロスネットはシャトルと面を合わせる

クロスネットを打ちにいくとき、「面を合わせる」ということがよくいわれる。これはどういうことかというと、シャトルの羽根からコルクにかけての側面とラケット面を平行にするということ。こうすることで、球をクロスにコントロールしやすくなる

シャトルの側面とラケット面を平行にする

基本のプッシュのポイント

ポイント　ねじりのパワーを使う

プッシュは決め球になる1本。力強い球を打つには、左足からのねじり上げのパワーを伝えるように右ヒジを上げる。手打ちになると球が軽くて返され、フィニッシュにならないが、こうすることで、足からのパワーを手羽元に伝えることができる。また、角度をつけるために、ラケットはコンパクトに振り切ろう

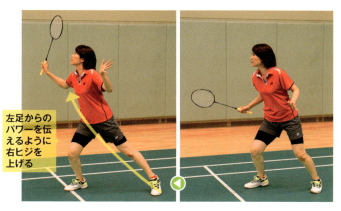

左足からのパワーを伝えるように右ヒジを上げる

基本のアタックロブのポイント

ポイント① アタックロブは「バチン」が目安

アタックロブのラケットワークは、小指から入って面をかぶせるように振るのがコツ。打つ瞬間は、脇を締めて。こうすることで、ラケットの先を使うことができる。手打ちかどうかの判断は音。当たった瞬間の音が「バチン」ではなく、「バチン」と鳴ったら、しっかりアタックロブが打てたということになる

ポイント② アタックロブは打ち終わったあとも大切に

アタックロブを打つとき、タッチしてすぐに放すと球は早く落ちてしまう。シャトルにタッチしたあと、少しフォローするようにしてから放すことでコントロールする。重心は、打つ前は体の外側、左足にやや傾いている。これを、シャトルを打ったあと、フォローするようにコントロールしながら、股関節周りを締めるようにして重心を中心に戻そう

スマッシュ&ネットで攻める
ネット前からの攻撃を磨く①

Menu **016** 1対1のパターン　SD

難易度 ★★★
回数　各10回
» 主にねらう能力

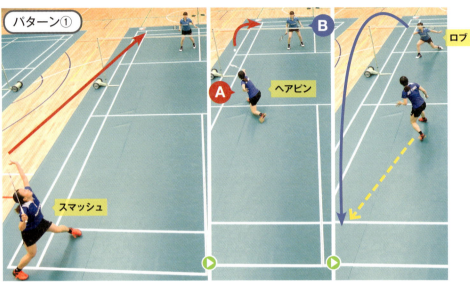

▼やり方　パターン①

攻撃Aはスマッシュとストレートヘアピン
守備Bはスマッシュをネット前に、ヘアピンをロブで返す

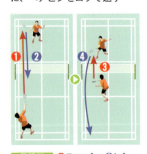

展開例　❶スマッシュ❷レシーブ❸ストレートヘアピン❹ロブ

▼やり方　パターン②

Aはスマッシュそしてヘアピンかクロスネット
Bはスマッシュをネット前に、ほかはロブで返す

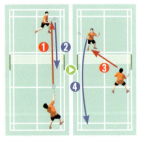

展開例　❶スマッシュ❷レシーブ❸クロスネット❹ロブ

▼やり方　パターン③

Aはスマッシュそしてネット前はアタックロブのみ
Bはスマッシュをネット前に返し、アタックロブをつなぐ

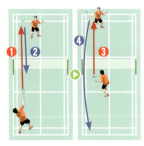

展開例　❶スマッシュ❷レシーブ❸アタックロブ❹クリアー

Level UP!
ネット前からフリー

▼ やり方

Aはスマッシュを打ち、ネット前はストレートへアピンか、クロスネットか、アタックロブ
Bはスマッシュをネット前に返し、ほかはつなぐ

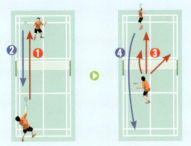

展開例　❶スマッシュ❷レシーブ❸ヘアピン、クロスネット、アタックロブ❹クリアー、ロブ

Arrange
守備を2人にしてラリーを続ける

Aの練習にするためには、Bがしっかり守れることが前提になる。1対1で難しい場合、守りを2人にする2対1でやってみよう

Coach BOX Q&A

Q アタックロブで追い込んだつもりがバックアウトしてしまいます

A ダブルスのサービスラインを目標に

気温が高いときなど予想外に球が飛ぶことがあります。調節が必要になったとき、ヒジだけで打っている方がいます。この調整の仕方は、球が失速します。ミスではありませんが、相手に簡単につなげられてしまいます。攻める球を打つには、力の出る打ち方で、ダブルスのサービスラインを目標に打ちましょう。重さ、スピードをキープし、攻めることができます。

Q クロスネットで決めるつもりが アウトしてしまいます

A サイドラインギリギリをねらうより 浮かせないことを意識して

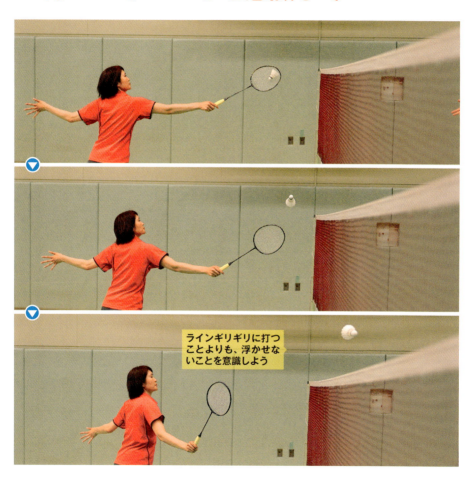

ラインギリギリに打つことよりも、浮かせないことを意識しよう

クロスネットはサイドギリギリに落ちることが理想ですが、アウトになるなら、少し内側をねらいましょう。相手を揺さぶるショットなので、浮かないことのほうが大切です。両足でしっかりと支え、フォローを丁寧に打ってみてください

スマッシュ&ネットで攻める

ネット前からの攻撃を磨く②

Menu **017** ノック

SD

難易度 ★★☆☆☆
回 数 各5回

» 主にねらう能力

スマッシュ

プッシュ

パターン②

▼やり方 パターン①

フィーダーはフォア奥かラウンド側に球を出す。Aがその球をスマッシュで返した瞬間、すかさずフィーダーはネット前に球出し。Aはそれをプッシュで返す

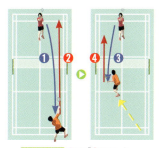

展開例 ❶ロブ ❷スマッシュ ❸ネット前に球出し ❹プッシュ

▼やり方 パターン②

フィーダーは、コート中盤に球出し、Aはスマッシュ。フィーダーは、Aの対角線上に球を出し、Aはプッシュ。フィーダーはAがプッシュを打った側の中盤に球を出し、Aはスマッシュ。フィーダーは、Aの対角線上に球を出し、Aはプッシュ

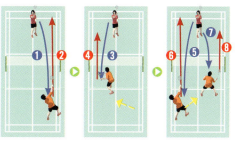

展開例 ❶中盤に球出し ❷スマッシュ ❸ネット前に球出し ❹プッシュ ❺中盤に球出し ❻スマッシュ ❼ネット前に球出し ❽プッシュ

スマッシュ&ネットで攻める

プッシュの感覚を磨く

ねらい

Menu **018** 2対1のパターン　SD

難易度 ★★★
回　数 各10回
» 主にねらう能力

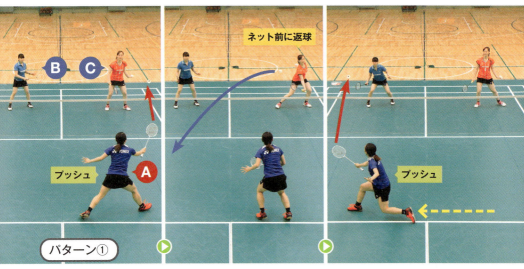

パターン①

なぜ必要？

次に動ける着地づくり

連続でプッシュを打つ場合、ポイントとなるのは着地。ここがしっかりできていないと、連続して攻撃することはできない。ナショナルメンバーがやっていたメニュー。この練習で、プッシュに重さ、するどさが出てきた選手も

▼やり方　パターン①

1. 攻撃Aはストレートのプッシュを打つ
2. 守備B、Cはすべてクロスでネット前に返す

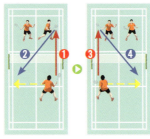

展開例　❶ストレートプッシュ❷バック側ネット前に返球❸ストレートプッシュ❹フォア側ネット前に返球

▼やり方　パターン②

1. Aはプッシュをクロスに打つ
2. B、Cはすべてストレートでネット前に返す

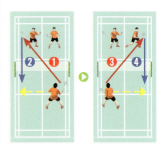

展開例　❶クロスプッシュ❷バック側ネット前に返球❸クロスプッシュ❹フォア側ネット前に返球

ポイント① ネット前はパッタタッ、パッタタッ

フォア側、バック側のネット前に連続してシャトルが飛んできたときには、「パッ」「タタッ」「パッ」「タタッ」とリズムよく打つ。「タタッ」のリズムでラケットを上げ、重心をまっすぐに着地することを心がけて。ヒジを上げるタイミングと足のリズムがバラバラになると、ミスしやすくなる

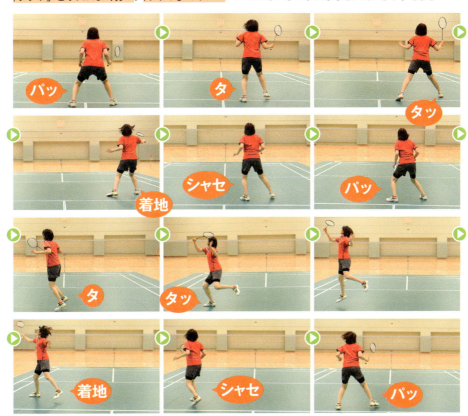

ポイント②

着地は重心を偏らせない

決め球としたいが、レベルが上がると一発では決まらない。1回で終わりではなく連続して攻撃したい。このときのポイントが着地で、前足に重心がかかったドンと落ちるような着地では次にいけない。「タタッ」のリズムで、重心を偏らせず、まっすぐ下りてくるような着地を心がけて。すると、スムーズな「パッタタッ」ができる。また、着地と同時に手の準備をすること。コンパクトに振り抜くことで、足からのパワーがラケットの先に伝わり、速く重いプッシュになる

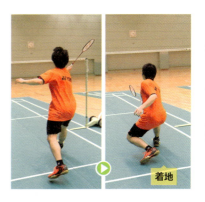

コラム **2**

一石二鳥の練習メニュー
スマッシュ&ネット

　私は現役時代、強打をして一発で決めるというプレーヤーではありませんでした。スマッシュ&ネットを紹介しましたが、実は、私が試合中、スマッシュをドカンとたたき込めたことはほとんどなかったはずです。相手の体勢を崩すために、駆け引きをしながら、ネット前とバックラインの間を、何度も何度も往復し、やっとチャンスを見つけて球を沈める、といった形ばかりでした。

　私にとっては、「長い戦い」だったわけです。その状況を想定し、普段の練習では、全力でほかのメニューをこなしたあと、疲れ切った最後の最後に、スマッシュ&ネットを組み込んでいました。

　試合で考えると、点数を動かしたいときは、お互いに息が上がっているはずです。そこで、どれだけ正確なスマッシュが打てるか、どれだけ効果的なヘアピンを入れられるか。勝負の分かれ目です。その1点を取るのは、簡単なことではありません。日頃、消耗し切った場面で、練習した成果は、ここぞというところで、自然に出て来てくれるのではないでしょうか。

　流れを変える一本。加速負けしない体力。2つを身につけてください。

第3章
打ち分けて攻める

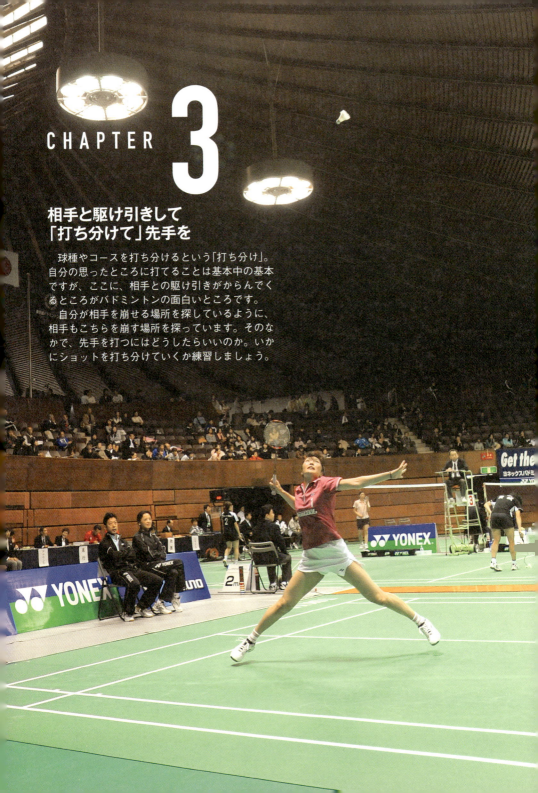

CHAPTER 3

相手と駆け引きして「打ち分けて」先手を

　球種やコースを打ち分けるという「打ち分け」。自分の思ったところに打てることは基本中の基本ですが、ここに、相手との駆け引きがからんでくるところがバドミントンの面白いところです。
　自分が相手を崩せる場所を探しているように、相手もこちらを崩す場所を探っています。そのなかで、先手を打つにはどうしたらいいのか。いかにショットを打ち分けていくか練習しましょう。

2008年 全日本総合バドミントン選手権大会

動きの基礎を身につける

スマッシュ&ネットで攻める

打ち分けて攻める

加速して攻める

ドライブで攻める

指導者に向けて

基本のカットを連続写真で学ぶ

高く飛んできた球をネット前に落とすことで、相手を前に呼び込むカット。
打つ瞬間までスマッシュ同様のオーバーヘッドストロークで入ることを心がけて

≫カットを含む主な練習Menu

P104　Menu 019

ねらい **カットでコースを打ち分ける**
ノックと1対1

P106　Menu 020

ねらい **クリアーとカットでコースを打ち分ける**
パターン1対1

空中で足を入れ替える

打つ

「タタッ」で着地。後ろに重心を残さない

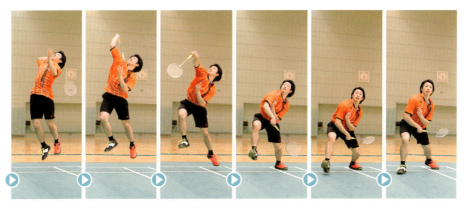

基本の攻めのロブを連続写真で学ぶ

高く上げる守備的なロブと、低くするどいアタックロブ、その中間の軌道で飛ぶのが「攻めのロブ」。スピードと重さをコントロールして、相手に打たせるショットになる。守るリズムを自分でつくれる球でもある

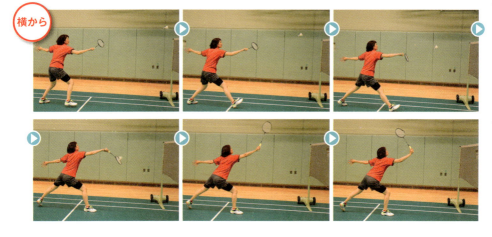

基本のカットのポイント

ポイント ラケットヘッドの重さを感じて打つ

すべてのオーバーヘッドショットでは、シャトルが当たる瞬間、強く握る。カットは特に小指▶薬指▶中指▶人さし指と親指の順番に握る。この握りをするだけでも、手を軸にラケットの遠心力を使え、ヘッドの重さを利用して打つことができる。よりシャープなカットをめざそう

前から / 横から

打点をよく見て握り始める

足で支え、ラケットの先を振り切る

基本の攻めのロブのポイント

ポイント① ラケットだけでなく、腕でもコントロール

ラケットの先をはね上げるような守りのロブとは違い、攻めのロブは腕全体を使って押し出すように打つ。球に重さを出すことができる。そのためにしっかりとした踏み込みと上体の安定が必要

手首の位置が上がっている

ポイント② 打ち終わったあとが大切

打ってすぐに面から放すのではなく、乗せて押し出していくイメージ。長くシャトルを触ることで、球のスピードと軌道をコントロールする

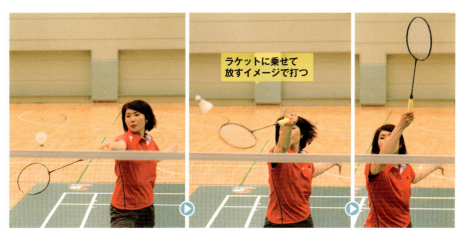

ラケットに乗せて放すイメージで打つ

打ち分けて攻める

カットで
コースを打ち分ける

ねらい

Menu 019 ノックと1対1のパターン S

難易度 ★
時間 各3分
» 主にねらう能力
ラケットワーク / コントロール / フットワーク / スピード / 考える力

クロスカット

? なぜ必要?

肩ならしの練習
まずはカットをストレートとクロスに打ち分ける。肩ならしのような意味合いもある

ノック②

ストレートカット

A

パターン

▼やり方 ノック❶

フィーダーはバック側のサービスラインからフォア奥に球を上げ、Aはその場で動かず、ストレートカットを打つ

▼やり方 ノック❷

フィーダーはフォア側のサービスラインからフォア奥に球を上げ、Aはクロスカットを打つ

▼やり方 1対1のパターン

A、B、1対1で入り、Aはカットをストレートとクロスに打ち分け、Bはすべてロブで返す

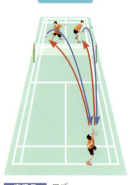

ノック
フィーダー：フォア奥に球出し
練習者A：ストレートカット、クロスカット

パターン
守備B：ロブ
練習者A：ストレートカット、クロスカット

🏸 ポイント　カットのふたつの打ち方について

カットにはスイングのときに小指から先に振り出すようにする振り方と、親指から先に振り出す振り方の2種類がある。小指から先に振る打ち方が基本だが、フォア側からストレートに打つとき、ラウンド側からクロスに打つときなど、親指から先に振る打ち方を使えると有効だ

小指から先に振る／小指から振る

👉 **この場面で使う!**

フォア側から
- ストレートカット
- クロスカット

ラウンド側から
- ストレートカット

親指から振り出す／親指から振る

👉 **この場面で使う!**

フォア側から
- ストレートカット

ラウンド側から
- クロスカット

Coach BOX　Q&A

Q　クロスカットを打つとサイドアウトしてしまいます

A　体の向きに注意しましょう

体の向き、ラケット面、顔の3つが打ちたい方向に向いてしまっていませんか。自分の体をラケット面に合わせて動かしてしまっている例は多いものです。しかし、この打ち方ではミスが多くなるだけではなく、打つコースが完全に相手にバレてしまいます。クロスカットを打つときの基本は、ストレートを打つときの体の向きと一緒です。体の向きを意識しましょう

打ち分けて攻める
クリアーとカットでコースを打ち分ける

ねらい

Menu **020** 2対1と1対1のパターン　S

難易度 ★★★
時間 各5分

≫ 主にねらう能力

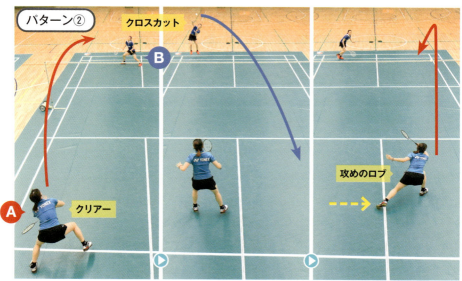

パターン②　クロスカット　B　クリアー　A　攻めのロブ

▼ やり方　パターン① 2対1

攻撃 A はストレートクリアー、クロスクリアー、ストレートカット、クロスカットを打つ。守備 BC はすべて後ろへ返す

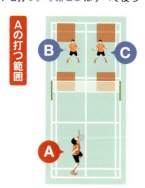

Aの打つ範囲

Level UP!

▼ やり方　パターン② 1対1

1対1のスマッシュなしフリー。互いにクリアー、カット、攻めのロブで打ち合う

展開例

練習者B　❶クリアー❸クロスカット❺クリアー❼クリアー
練習者A　❷クリアー❹攻めのロブ❻クロスクリアー❽カット

❓ なぜ必要？

相手を崩す配球を探す

有利な展開に持ち込むため、相手の体勢を崩すことが目的。例えば、ストレートクリアーを続けて打ち、そろそろ対角線のカットが来るかなと相手が思ったときに、もう一度クリアーを打つなど、相手を崩せる配球を探そう

🏸 ポイント① 打つ瞬間まで同じ速さとフォームで

オーバーヘッドから繰り出すスマッシュ、クリアー、カット、ドロップといったショットはすべて、打つ瞬間までスマッシュと同じフォームで入る

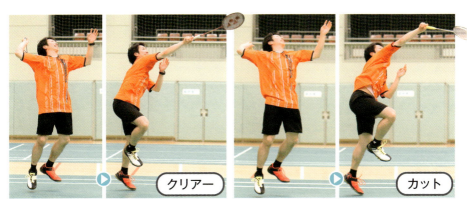

クリアー　　カット

🏸 ポイント② クリアーの高さとは

クリアーは奥深くまで飛ばすことが前提だが、目的に応じてその高さを使い分けたい。現在、世界で使われるクリアーの多くは山型を描かない。ドリブンクリアーに近い、床とほぼ平行な軌道をとるショットが国際基準となっている。同じスピード、同じ高さのクリアーを続けるのではなく、==違う速さ、高さを使い分けることで攻めにつなげることができる==

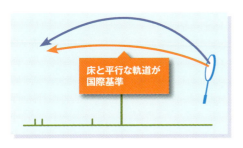

床と平行な軌道が国際基準

届く高さが違う

▲相手の身長に応じてクリアーの高さを選択しよう

打ち分けて攻める

ネット前から打ち分ける

ねらい

Menu 021 2対1のパターン　S

難易度 ★★
回数 10回

» 主にねらう能力

BCはAがネット前でヒットする瞬間にAの球を予測して動く

空いたスペースに打つ

▼やり方

1. Aは一度後ろでスマッシュの素振りをして、前に出る
2. Aが素振りを終えたタイミングでフィーダーがネット前に球出しをする
3. AはBCがいないコースを見極めて打つ

❓なぜ必要？

遊び感覚でやってみよう

ネット前での打ち分けは、考える時間がないため、瞬時の判断が必要になる。自分が打ちたいところより、どこに打つと相手の体勢が崩れるか、判断する。1対1で相手が動いたところに打つ、というシンプルな練習方法もある。

Aの打つ範囲

BC 左右にランダムに動く
練習者A 空いたスペースに打つ

ポイント① ネット前へ同じフォームで入る

ネット前に入るときにどのショットでも、どのコースでも打ち分けられるように入る。例えば、ネット前はすべて「前へならえ」で入ると読まれないで打つことができる

ヘアピン

クロスネット

アタックロブ

ポイント② シャトルと相手を同時に見て判断

相手コートから飛んできたシャトルの飛び方と、自分のいまある体勢、相手がどこに立っているか、これらを瞬時に判断し、打ち分けられるようにしよう

ポイント③ 何を打つか決めておかない

「相手から○○が来たらあそこに打とう」といったように打つ球を決めてしまわず、柔軟に考えて臨機応変に打ち分けよう

打ち分けて攻める

ふたりの陣形を崩す

Menu 022 ダブルスのパターン　D

難易度 ★★★★★
時間 各5分

> 主にねらう能力

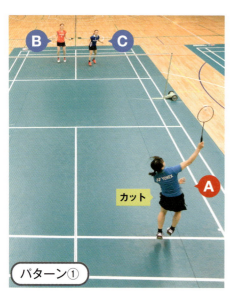

パターン①

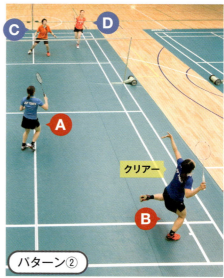

パターン②

▼やり方　パターン①

BC対Aの2対1。Aは後衛のイメージ。AはBCをクリアーとカットで揺さぶる。BCはすべて後ろに返す

▼やり方　パターン②

AB対CDの2対2。スマッシュなしのダブルス。互いに攻め合い、ローテーションを崩していく

？なぜ必要？

カットとクリアーでどう崩すか

いきなりスマッシュを打っても、相手の2人がかまえていたら決めるのは難しい。2人の体勢を崩してスマッシュで攻め込むチャンスをつくる

攻めどころは●

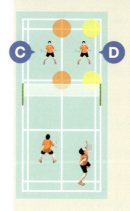

一般的な例として、正面にいる相手を攻めるのが常套手段。例えば●に球を集めてDをゆさぶる。CDを迷わせる真ん中のショット●も有効。相手のクセによってもどちらがとるか変わるので見極めて

ポイント① 基本のダブルスの陣形とは

攻撃のときの陣形はトップ＆バックといい、前衛と後衛が前後に立つ。守りの陣形がサイドbyサイドで、前衛と後衛が横に並ぶ。このサイドbyサイドのとき、相手後衛に対して二等辺三角形の底辺をつくるように守るのがダブルスの基本的な陣形となる

トップ＆バック

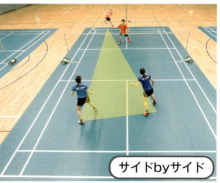
サイドbyサイド

ポイント② 打っていない人も動く

ダブルスでは、①パートナーがどんな配球をしたか、②相手がどんなラケットワークをしたか、③相手がどんな体勢にあるか、といったところを見て動く。打っていない人も休む間はない。例えば、パートナーが上げたら、すぐサイドbyサイドになる。パートナーのスマッシュが有効なら前につめ、浮いていたら少し下がってカウンターやドライブに備える。ポジションを考え常に動いていることが大切

クリアー　　サイドbyサイド

Important!!
ダブルスのロブとは？

展開の速いダブルスでは、相手に十分な体勢で打てる時間を与えないロブを打つ必要がある。左右に振りたいが、気をつけたいのはロブの軌道。山型ではなく、低めの軌道から上へ上がっていくようなシャトルを飛ばすことで、相手にシャトルの下に入りにくい状態をつくる。ただし、ときに自分たちの十分な体勢を整えるために、しっかり上げることも大切

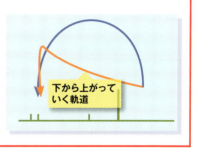
下から上がっていく軌道

コラム3

グー・ジャーミンさんとの出会い

　私のプレーが大きく変わるきっかけのひとつは、グー・ジャーミン（神谷ジャーミン）さんとの出会いでした。

　全英選手権シングルスで優勝し、日本の実業団チームでもプレーされていたグーさん。もちろん中国ナショナルチームでも活躍し、日本チームも指導された名選手で名コーチです。

　出会いの思い出は、ひどいものでした。私は25歳。プレーヤーとしては成熟期のつもりでいました。ところが、グーさんは会ったその日に、いきなり私の動きを「基本ができていない」と、バッサリ切り捨てたのです。キャリアのすべてを否定された。それがグーさんとの「始まり」でした。

　足の動かし方から、やり直し。「10本5セット！」という指示は言葉だけ、結局、グーさんの理想通りの球が打てないと、ノック練習は果てしなく続きます。本当にいろいろ、ありました。

　正直に言います。一時期は、毎日のように、心の中で、「鬼！オニ！」と叫んでいました。でも、ロッカールームではお互いに納得いくまで話し合いました。バドミントンに対する考えをぶつけ合うこともできていたということでしょう。

　みんな、いい思い出です。グーさんに鍛えられた日々。あの時がなければ、プレーヤーとして満足できる終わり方を迎えられていたかどうか。出会えてよかった。感謝の思いしかありません。

第4章
加速して攻める

CHAPTER 4

「加速」を使って自らチャンスをつくる

　加速も攻撃のチャンスをつくるための重要なポイントです。試合では相手のペースについていくのに精いっぱいでは、打たれて終わりです。ラリーのなかで、相手を崩しながら小さなチャンスを見逃さず、攻撃しなければなりません。
　そのときに必要なのが加速です。チャンスが来るのをひたすら待つのではなく、チャンスを自分からつくりにいく。そのための加速ポイントを学びましょう。

加速して攻める

ヨネックスオープンジャパン 2005

基本のクリアーを連続写真で学ぶ

攻めにも守りにも使える万能なショット。もっとも高い軌道を描くものがハイクリアー、やや低めの軌道を描き、攻撃的な1本となるドリブンクリアー、この2本のあいだの軌跡をとるのがクリアーとなる。
攻撃の1本にするためには、質の高いものが求められる

横から / 「タタッ」のリズムで / 半身になり、胸を開く / 打つ瞬間まで、その他のオーバーヘッドと同じフォームを保つ

前から

≫クリアーを含む主な練習Menu

→ **P128** Menu **026**
ねらい ストレートクリアーに対して攻める① パターン1対1

→ **P132** Menu **028**
ねらい クロスクリアーに対して攻める パターン1対1

「タタッ」で着地。後ろに重心を残さない

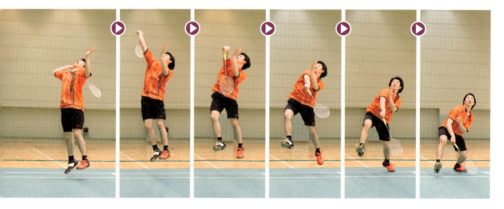

基本のドロップを連続写真で学ぶ

速いスピードで展開するラリーのリズムを変える役割を果たす1本。オーバーヘッドストロークのフォームで入りながら、打つ瞬間に緩めて球のスピードを変えよう

横から

「タタッ」のリズムで。半身になり、胸を開く

打つ瞬間まで、その他のオーバーヘッドと同じフォームを保つ

前から

≫ ドロップを含む主な練習Menu

→ P136　Menu 030

相手の球を読んで攻める ②
ねらい
パターン1対1

打つ瞬間に力を緩めると同時に呼吸も緩める。どちらも止めないように気をつけて

長めに触るイメージでシャトルを放つ

打ち終わったあと、すぐにギアを入れ替え、ダッシュして攻める

後ろ足をしっかり安定させる

加速して攻める

クロスロブに対して仕掛ける（フォア側）

Menu **023** ノック　　S

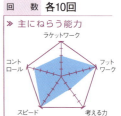

難易度	★★☆☆☆
回数	各10回

» 主にねらう能力

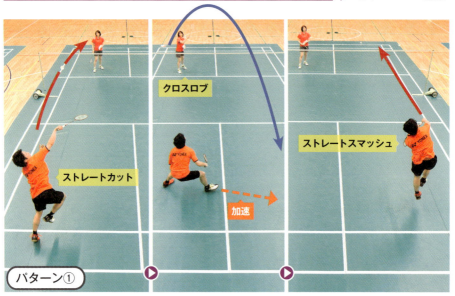

パターン①

▼やり方 パターン①

❶フィーダーはラウンド側に球を出す❷Aはストレートカット❸フィーダーがクロスロブで返球し、その瞬間にAはフォア奥へ加速する❹Aはストレートスマッシュ

▼やり方 パターン②

❶フィーダーはラウンド側に球を出す❷Aはストレートカット❸フィーダーがストレートへアピン❹Aはストレートへアピンで返球❺フィーダーがクロスロブで返し、その瞬間にAはフォア奥へ加速する❻Aはストレートスマッシュ

▼やり方 パターン③

❶フィーダーはラウンド側に球を出す❷Aはストレートカット❸フィーダーがクロスロブで返してきたらAはパターン①の配球を、ストレートへアピンを打ってきたらパターン②の配球を行う

 なぜ必要？

加速のタイミングを知る

ねらった球に対してスマッシュが打てるよう、具体的にどこで加速すればいいのか、そのタイミングと「パッ」から「タタッ」の速さを身につける

🏸 ポイント① 「パッ」「タタッ」で加速する

加速するタイミングは、ねらった球が来たと思ったまさにその瞬間。加速のスタートは「パッ」から。相手が打った瞬間に「パッ」を入れ、「タタッ」で加速する。この「パッ」から「タタッ」を速く！ここでギアを入れる

右に移動する動き▶パターン①

フォア奥に下がる動き▶パターン②

🏸 ポイント②

左足で蹴って手打ちを避ける

打つ場所とは、球の下に入ってラケットを十分振るスペースを確保できる位置のこと。フォア側のときは、手を伸ばせば届くため、打つ場所までしっかり入らずに球をとらえてしまう人もいるが、これでは質のいい球を打つことはできない。この場合の目安は、飛んできたシャトルより右足が後ろに来ていること。左足で蹴って距離を出し、手打ちにならないように

落下点に入れていない

🏸 ポイント③

ラケットを振る場所での右足の使い方

「タタッ」のリズムを使い、ポイント②のラケットを振る場所を確保したら、ヒザを曲げ、右足のつま先は横を向けてしっかりと踏み切ること。打ち終わって着地する際には、重心を後ろに残さないよう気をつけたい

加速して攻める

クロスロブに対して仕掛ける（ラウンド側）

ねらい

Menu **024** ノック

S

難易度 ★★★★★
回数 各10回

>> 主にねらう能力

パターン①

▼やり方 パターン①

❶フィーダーはフォア奥に球を出す❷Aはストレートカット❸フィーダーがクロスロブで返球し、その瞬間にAはラウンド側へ加速する❹Aはストレートスマッシュ

▼やり方 パターン②

❶フィーダーはフォア奥に球を出す❷Aはストレートカット❸フィーダーはストレートヘアピンで返す❹Aはストレートヘアピンで返球❺フィーダーがクロスロブで返し、その瞬間、Aはラウンド側へ加速する❻Aはストレートスマッシュ

▼やり方 パターン③

❶フィーダーはフォア奥に球を出す❷Aはストレートカット❸フィーダーがクロスロブで返してきたらAはパターン①で配球、ストレートヘアピンを返してきたらパターン②で応戦する

ポイント①
加速しながら半身になる

「パッ」でタイミングをつかんで、そこから「タタッ」の「タ」で向きを変えて距離をかせぎ、加速しながら半身になる。「タッ」で右足をしっかり下げよう

ラウンドに下がる動き▶パターン①
パッ / タタッ

ポイント②
ラウンド側で半身になる

ラウンド側で半身になる目安は両足の位置。前にある左足に対して右足がクロスするくらい、左奥に下がった状態になること。こうなれば体の力を使って打つことができる

左足とクロスするぐらい右足を引く

参照ページ P70 Menu 012

ポイント③ ラケットを振る場所をつくる

ラウンド側では、シャトルが右肩のあたりに落下してくる位置まで素早く移動しよう。こうすることで、半身になってラケットを振るスペースが生まれ、上体をひねった無理な状況にならず、いいショットを打つことができる

▲足もとのシャトルが打点の位置として、しっかり球の下に入れれば、これだけ振るスペースができる

スペースがつくれていない

▲横着をして足がしっかり球の下に入らないと、左肩のあたりの球をとることになり、いいショットが打てない

Coach BOX Q&A

Q ラウンド側からのストレートスマッシュがサイドアウトしてしまいます

A 左足で踏ん張りましょう

左足で踏ん張りましょう。この左足が壁の役割をして、下半身からの力を逃がさず、右半身を自由にコントロールすることができるようになります。これがラウンドからのストレートのショットを打ちやすくしてくれるのです。左足で踏ん張ることができなくて力が流れてしまうと、右半身をコントロールすることができなくなり、サイドアウトの原因になってしまいます

左足で踏ん張る

NG 踏ん張れず体が流れる

片足でしっかり立つ

スマッシュを打つときに必要になるのが、片足でしっかり立って重心を中心に保つ力。これがラウンド側で力が流れるのを防ぐ壁の役割をし、威力ある一発を導く。そこでこんな練習を。片足で立ち、ゆっくりと上げた足と同じ側の手を上げ、しばらくその状態を保ってみよう

米倉加奈子の Let's try

Coach BOX Q&A

Q ラウンド側で半身になれません

A 足が入らないなら上半身をひねって打つ

ラウンド側で方向を変えるとき、体の向きを変えられないという人を見かけます。そのため、正面打ちになってしまっています。足から半身になることができなかったら、ラケットを振る場所をつくることを考えましょう。上体をひねる動作だけでも正面打ちよりいい球を打つことができるようになります

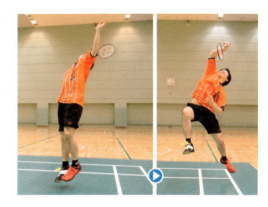

打つ場所をつくるため蹴り足で距離を出すトレーニング

打つ場所をつくるためのトレーニングをしよう。半身になって体をひねりながら、距離を出すことを意識して

▼やり方
写真のようにサイドラインとバックバウンダリーライン、ロングサービスラインが交差するコートの角を利用する。片足でケンケンしながら前後、左右に跳ぶ

 ポイント

大きく跳ぶことを意識して

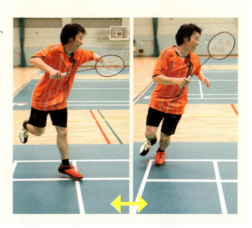

加速して攻める

ストレートロブを攻める

Menu **025** ノック

難易度 ★★★☆☆
回数 各10回

» 主にねらう能力

S

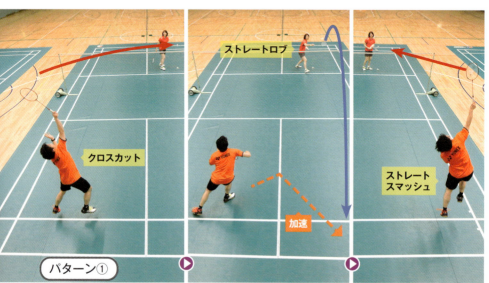

クロスカット / ストレートロブ / 加速 / ストレートスマッシュ / パターン①

▼やり方 パターン①

❶フィーダーはラウンド側に球を出す ❷Aはクロスカット ❸フィーダーがストレートロブで返球し、その瞬間、Aはフォア奥へ加速する ❹Aはストレートスマッシュ

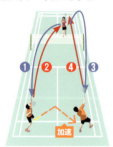

▼やり方 パターン②

❶フィーダーはラウンド側に球を出す ❷Aはクロスカット ❸フィーダーがストレートヘアピンで返球 ❹Aはストレートヘアピンで返す ❺フィーダーがストレートロブで返し、その瞬間、Aは加速してフォア奥へ ❻Aはストレートスマッシュ

▼やり方 パターン③

❶フィーダーはラウンド側に球を出す ❷Aはクロスカットを打つ ❸フィーダーがストレートロブで返してきたらAはパターン①へ、ストレートヘアピンを打ってきたらパターン②へ進む

126

相手のロブに対する感覚の違いを感じる

Menu23「クロスロブに対して仕掛ける(フォア側)」(P120)に似ているが、今度は相手のストレートロブに対して攻める練習。相手のロブがクロスかストレートかによる感覚の違いを感じよう。ラウンド側に下がってスマッシュを打つ、逆サイドでも行って

ポイント　低い球もあきらめない

相手のストレートロブが頭上低く飛んできて、「あ、抜かれた」とあきらめる人も多い。たいてい顔だけでシャトルを追っている。しかし、ちょっとしたコツで低い球にももぐりこみスマッシュで返球することができる。ストレートに下がるのは、狭い範囲で動くことになって難しいが、**相手が打った瞬間に「パッ」で方向を定め、少し低い姿勢で大きな歩幅をつくり「タタッ」を行うと、球の下に入ることができる。**そこからねじり上げるようにして打とう

ねじり上げるようにして打つ

低い姿勢でまず足を動かす

すぐ顔を上げシャトルを追っている

加速して攻める

ストレートクリアーに対して攻める①

ねらい

Menu **026** 1対1のパターン　S

難易度 ★★★☆☆
時　間 5分

» 主にねらう能力

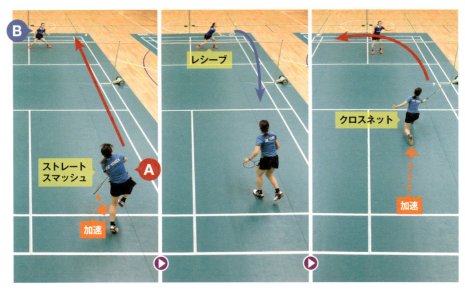

▼ やり方

❶ 守備Bがフォア奥にサービス
❷ 攻撃Aはストレートクリアー
❸ Bがストレートクリアーで返し、その瞬間、Aは加速する
❹ Aはストレートスマッシュ
❺ Bはネット前へストレートで返球、その瞬間、Aは再び加速する
❻ Aはクロスネット
❼ Bがストレートロブ
❽ Aがストレートクリアーで返して、ここからラウンド側で、同じように展開する

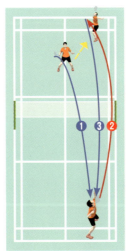

128

なぜ必要？

クリアーをねらう

2か所で加速するきつい練習。シングルスでは互いに後ろに追い込もうとクリアーの応酬になることがよくあるが、そのクリアーをねらって加速しスマッシュ＆ネットで攻める

ポイント① 連続で加速する

スマッシュを打つ前とクロスネットを打つ前を連続して加速していくこと。1度ギアを入れて強打し、もう一度入れ直すということは、かなり体力が必要になる。スマッシュ＆ネットは一発で決まることは少ないので、何度でも加速できる力をここで身につけておこう

スマッシュ打ち終わり

相手がネット前に打ってきたところでもう一度ギアを入れる

加速

参照ページ P68 Menu 011

ポイント② 攻め続けるために高い打点で

クロスネットは、ネットを越した瞬間の高いところでとらえよう。するとシャトルは面に当てるだけでクロスにコントロールできる

加速して攻める

ストレートクリアーに対して攻める②

Menu **027** 1対1のパターン

S

難易度 ★★★☆☆
回数 10回

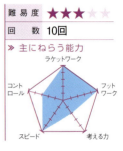

» 主にねらう能力

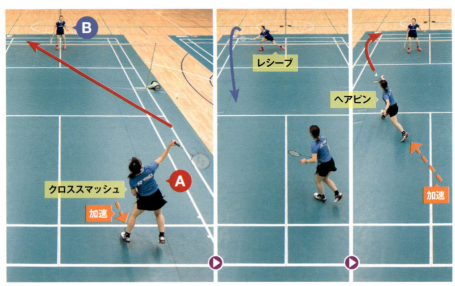

▼ やり方

① 守備Bがフォア奥にサービス
② 攻撃Aはストレートクリアー
③ Bがストレートクリアーで返し、その瞬間、Aは加速する
④ Aはクロススマッシュ
⑤ Bはネット前へストレートレシーブで返し、その瞬間、Aは再び加速
⑥ Aはストレートヘアピン
⑦ Bがストレートロブ
⑧ Aはストレートクリアーで返し、ここからラウンド側で同じように展開する

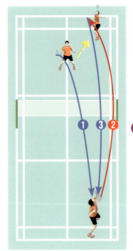

🏸 ポイント① 連続加速でクロスに走る

コートの対角線上はもっとも長い距離。その長さを移動して高い位置でとることが攻撃のチャンスにつながる。そのための加速で必要になるのは、お腹の力。スキップで学んだお腹力を思い出して(P63)。クロスに走るとき、パターン練習では何が打たれるか決まっているため最初からクロス方向を向きがちだが、実戦をイメージし、「パッ」で相手を見て、「タタッ」とリズムよくとりにいくよう注意しよう

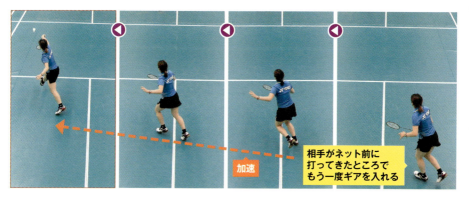

加速

相手がネット前に打ってきたところでもう一度ギアを入れる

🏸 ポイント② ねじり上げ、解放する

スマッシュのときに必要なのは、ねじり上げ(P30)。左足を壁にして、体の中心を左右から絞るようにして下半身からの力をねじり上げ、下から上、手羽元に伝える。このパワーを解放するのが打つ瞬間。何度もよじったゴムを一気に解放するように、手羽元から振り抜きながらお腹を戻して締め、振り抜いたところで締め切る。これでパワーを使い切ることができる

ねじり上げ　　締め始め

加速して攻める

クロスクリアーに対して攻める

ねらい

Menu **028** 1対1のパターン　　S

難易度	★★☆☆☆
回数	10回

» 主にねらう能力

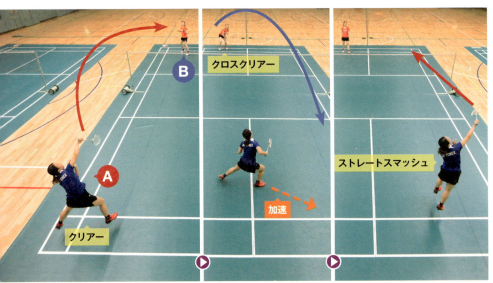

B / クロスクリアー / ストレートスマッシュ / A / クリアー / 加速

▼やり方

Aのための練習。Bはストレートスマッシュ、ストレートクリアー、クロスクリアーを使ってAを動かし、Aはバック側レシーブと、うしろ2点はクリアーとスマッシュで返す

 なぜ必要？

クロスクリアーに対して加速する

ストレートの攻め合いのなかで、Bがコースを変えてきたとき、すかさずスマッシュを打つ練習

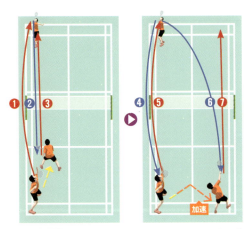

展開例 ❶ストレートクリアー ❷ストレートスマッシュ ❸レシーブ ❹ストレートクリアー ❺ストレートクリアー ❻クロスクリアー ❼ストレートスマッシュ

ポイント クロスクリアーは危険な1本、チャンスの1本

ストレートの応酬になったとき、相手を動かそうとクロスクリアーを打つことがある。確かに、クロスクリアーはチャンスを生む球だが、実は危険な1本にもなる。今回の練習でいえば、Bにとっては軌道と高さを考えないと、相手にチャンスを与えてしまう危険な球。逆にAにとっては最大のチャンスになるので、加速ポイントを逃さずに攻撃しよう

Extra
ジュニア時代はストレートを大切に

　オリンピックでの活躍の影響でしょうか。このところ、バドミントン界はますます低年齢化しています。小学校低学年の選手も、大人顔負けの、目を見張るようなプレーを見せてくれます。

　それはすばらしいことなのですが、気をつけたいのは、この時代に勝ちに走ること。ジュニア時代、特に小学生の頃は体格差がかなりプレーに影響します。小さな子ほど、コートのもっとも長い距離であるクロスを走ることができません。そのため、クロスの球を多用してプレーをしている姿をしばしば見かけます。クロスに打てば勝てるとわかっているのでしょう。

　しかし、クロスの球はこの時代だから通用するもの。これから中学生、高校生と成長し、上のレベルにいけば、逆にクロスの球はインターセプトされてしまい、自分が追い込まれることになってしまいかねません。

　ジュニア時代だからこそ、まずストレートの球をしっかりと身につけておきたいですね。

加速して攻める

相手の球を読んで攻める①

ねらい

Menu 029 1対1のパターン S

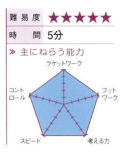

難易度 ★★★★★
時間 5分
» 主にねらう能力
ラケットワーク／コントロール／フットワーク／スピード／考える力

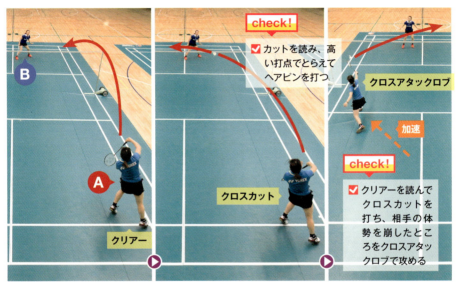

- B
- A
- クリアー
- クロスカット
- check! カットを読み、高い打点でとらえてヘアピンを打つ
- クロスアタックロブ
- 加速
- check! クリアーを読んでクロスカットを打ち、相手の体勢を崩したところをクロスアタックロブで攻める

▼ やり方

決まった範囲のなかで、互いにストレートクリアー、クロスカット、ストレートヘアピン、クロスロブ、クロスアタックロブの5つのショットを使い、対角線に動きながら相手を揺さぶり加速する

 なぜ必要?

加速ポイントを探る

対角線上での打ち合いは、動くことだけで精いっぱいになりかねない。そのなかで、何を打ち、どこで加速すればチャンスができるのか、そこを探る

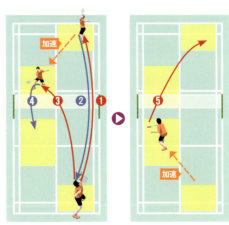

展開例 ❶ストレートクリアー❷ストレートクリアー❸クロスカット❹ヘアピン❺クロスアタックロブ

ポイント スピードのあるカットで決める

フォア側の球を読んで、跳びついて打つスピードのあるカットも効果的。このときの跳びつきカットのリズムももちろん1拍子の「タタッ」で跳ぶこと。速いタッチで足、上体、手羽元のパワーをラケットに伝え、ラケットの先をしならせるように振って、するどくスピードのあるカットをめざそう

加速して攻める

相手の球を読んで攻める②

Menu **030** 1対1のパターン S

難易度 ★★★★★
時間 5分

» 主にねらう能力

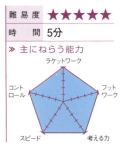

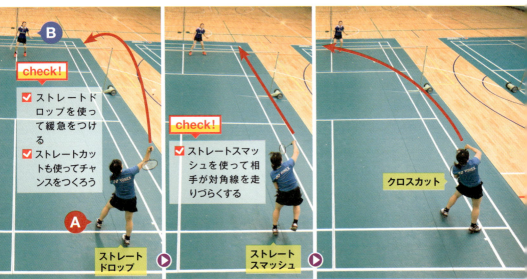

check!
- ストレートドロップを使って緩急をつける
- ストレートカットも使ってチャンスをつくろう

A ストレートドロップ

check!
- ストレートスマッシュを使って相手が対角線を走りづらくする

ストレートスマッシュ

クロスカット

▼ やり方

ストレートクリアーの打ち合いから互いにストレートの球を使ってチャンスをつくり、クロスカットなどでクロス前のエリアを使って攻める。クロススマッシュはなし

 なぜ必要?

クロスカットを有効打にする攻め方を探る

クロスの球は読まれたら不利になる。ネットに引っ掛けるなどリスクもともなう。これを有効打にするため、ストレートの攻めのなかで加速ポイントを見極めバリエーション豊かに打って崩す。Menu28より加速ポイントが増え、いっそう工夫が必要

打てる範囲①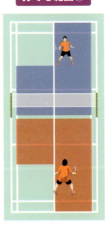

打てる範囲②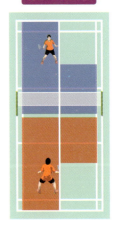

ポイント① フォア奥で親指から振り出すカット

ストレートカットのうち、フォア奥からは親指から振り出す打ち方が有効。いわゆるリバースカットだが、クロスに打つときと同じような軸回転をし、体の幅から出ないようにスイングしよう

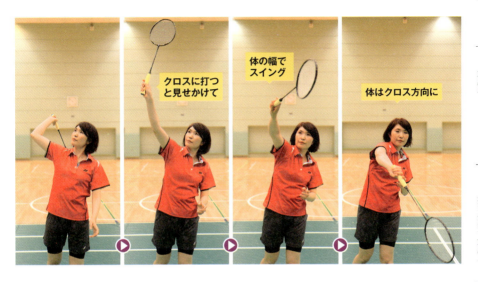

ポイント② ラウンド側で小指から振り出すカット

ラウンドからのストレートカットは小指から振り出す打ち方が、難しいけれどチャンスをつくりやすいのでおすすめ。親指から振り出すカットと同様、体の幅のなかでスイングし、ねじり上げて打つ瞬間、しっかりとお腹を締めること。体の軸をぶらさないように

加速して攻める

緩急をつけて攻める

Menu **031** 1対1のパターン　　S

難易度 ★★★★☆
時　間 5分

» 主にねらう能力
ラケットワーク／コントロール／フットワーク／スピード／考える力

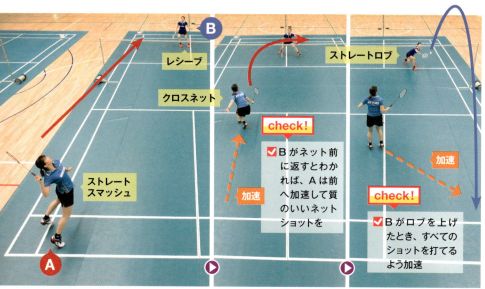

レシーブ／クロスネット／ストレートロブ／ストレートスマッシュ／加速

check!
☑ Bがネット前に返すとわかれば、Aは前へ加速して質のいいネットショットを

check!
☑ Bがロブを上げたとき、すべてのショットを打てるよう加速

▼ やり方

守備Bのエリアを限定して行う。攻撃Aはスマッシュか、カットか、ドロップを打つ。Bは必ずネット前に返球し、Aはヘアピンかクロスネット。その球をBは必ずロブで返す

 なぜ必要?

速く見せるために

球のスピードにメリハリをつけることで、同じスマッシュでも、より切れのある球に見せることができる。球の下に入るまでは加速しながら、打つ球のスピードには緩急をつけることを意識する

守備Bの守る範囲

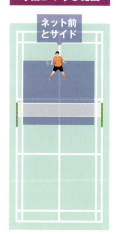

ネット前とサイド

ポイント カットとドロップの違いを理解する

カットとドロップを「どちらもネット前に落とす球」と表面だけで理解している人が少なくない。しかし、この2つはあきらかに違うショットだ。違いは打つときよりもレシーブ時にはっきりわかる。カットは「タタッ」のリズムで、ドロップはぐっと踏み込むというように、フットワークが違うのだ。この違いはどこから来るかというと、カットは速さとするどさを求めるため、打つときはラケット面で切るように振り抜く。それに対してドロップは、打つ瞬間に力を緩める。ここに大きな違いがある。「ドロップ＝スイングを止める」ではなく、「力を緩める」。ここを理解して、2つのショットを打ち分けたい

カット

ドロップ

Coach BOX Q&A

Q ドロップを打とうとすると、ネットにひっかけてしまいます

A スイングの最初から力を緩めていませんか？

足が前に出ている

ドロップもほかのオーバーヘッドストロークからのショットと同様に、打つまでのフォームは同じ。打つ瞬間に力を緩めるのです。また、打ったときに1歩前に足が出ていることが大切です。打ったあとのフォローが入って前傾姿勢になっている証で、1歩前に出ていれば、打ったシャトルはネットを越えていきます

加速して攻める

守りから攻めに転じる

Menu 032 2対1のパターン　S

難易度 ★★☆☆☆
時間 5分

» 主にねらう能力

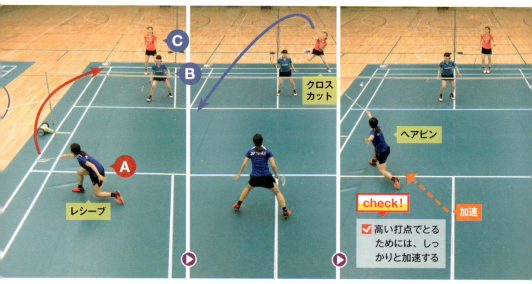

- A レシーブ
- B
- C
- クロスカット
- ヘアピン
- 加速

check!
☑ 高い打点でとるためには、しっかりと加速する

▼ やり方

守備Aはレシーブをしながら、相手のカットを読み、高いところでヘアピンを打って攻撃のチャンスをつくる。攻撃BCはエリアを攻める

 なぜ必要？

攻撃のチャンスをつくる

守りにまわったとき、どこから攻撃に転じたらいいのか、レシーブ力をつけながら攻撃のチャンスをつくる。いろいろな攻め方があるので、考えてみよう

BCが攻める範囲

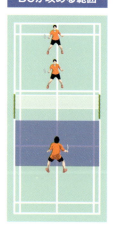

Extra

考えることの大切さ

バドミントンの試合では、相手の体勢を崩したり、苦手なところを探ったりなど、相手の嫌がるところをねらいます。それには、相手の考えや心理を読むことが大切です。
「相手はどこに打ったら嫌かな」
「どこをねらうと体勢が崩れるかな」

試合では体はシャトルを必死に追いかけ走っていますが、頭のなかはそのことでフル回転しています。これは1日でできるものではありません。考えるクセがついていることが求められます。

考えるクセというと、私は3きょうだいの末っ子なので得をしています。兄や姉が両親から叱られたり、ほめられていたりするのを見て、「どうやったらお父さん、お母さんが喜んでくれるかな」と自然と行動していました。要領がいいおかげで、本当にかわいがってもらっていたと思います（笑）。これは、少し極端な話ではありますが、相手のことを考えるということは、プレーに通じているところもなきにしもあらずです。

コーチングしているとき、試合後の感想を聞いていましたが、よく「ミスが多かった」「動けなかった」とだけ、返してくる選手がいました。私は、必ず「何のミス？」「相手のどんな球に対して？」「動けなかったのは疲れだけ？」と、質問を続けます。相手は何をしたかったのか？ なぜ失点したのか？ どう修正したらいいのか？ を考え、次の試合に備えたいのです。それを繰り返していくうちに、試合中に即座に考え、自ら修正できるようになれたら、ベストだと思っています。

だからこそ、自分自身が精神面も含めて、どういう状態だと、いいプレーができるのか？ を知っておくことも大切です。また、ショットに関しては、自分のよい感触を覚えておくことも修正のカギとなります。

忘れてはいけないのは、どのプレーがよくて、得点しているのか？ というプラスの振り返りです。日本人特有のものなのか？ 反省点ばかりに目がいきがちです。しかし、よりよい方向に持っていく考え方を身につけることが強くなる秘訣だと思います。「気づき」だけで終わらず、深く考えることを楽しみ、進化していってほしいです。

コラム **4**

工夫次第で
不得意部分も克服できる

「攻めて勝つ」。この本のテーマです。そのために、より速く動き、速いタッチでとることが大切だと、お伝えしてきたつもりです。

実は現役時代の私は、「スピードがない」といわれるほうの選手だったと思います。スタートからMAXのスピードで攻め続けることなど、とてもできませんでした。

でも、戦うことはできました。速くなくても、速く見せることはできる。

メリハリをつけたプレーです。「速い」と「遅い」、「長い」と「短い」、「高い」と「低い」、「重い」と「軽い」……。これらのショットを組み合わせ、使い分けること。

ゆるい球は、スマッシュをより速く見せ、スマッシュは、ドロップの効き目を高めてくれます。一定のスピードで打ち続ければ、相手は慣れてしまいますが、メリハリをつければ、相手に迷いを与えることができるわけです。同じ速さの球でも、「重さ」を変えれば、ミスを誘えます。こちらの動きを読めなければ、相手もスピードに乗ることはできません。

工夫次第です。スピードがない、なんてあきらめずに。球の質を高めて戦えば、必ず、勝負はできます。

第5章
ドライブで攻める

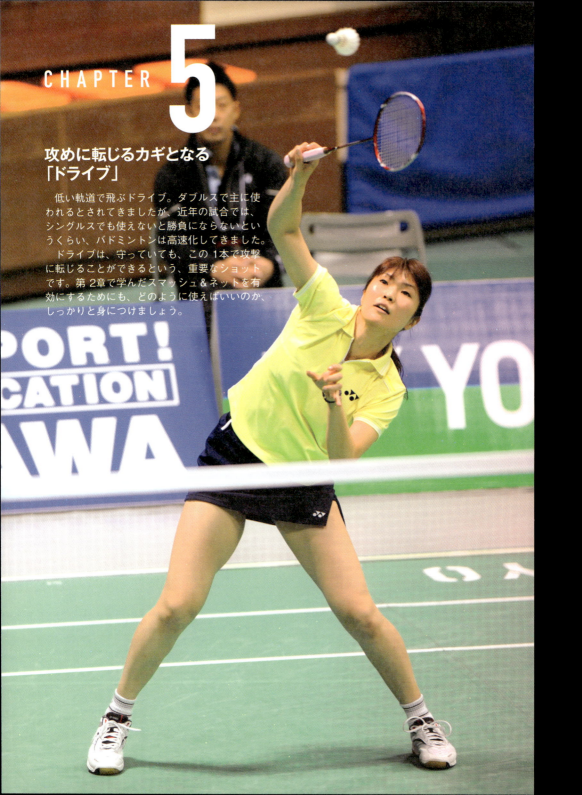

CHAPTER 5

攻めに転じるカギとなる「ドライブ」

　低い軌道で飛ぶドライブ。ダブルスで主に使われるとされてきましたが、近年の試合では、シングルスでも使えないと勝負にならないというくらい、バドミントンは高速化してきました。
　ドライブは、守っていても、この1本で攻撃に転じることができるという、重要なショットです。第2章で学んだスマッシュ＆ネットを有効にするためにも、どのように使えばいいのか、しっかりと身につけましょう。

2008年 全日本総合バドミントン選手権大会

基本のドライブを連続写真で学ぶ【フォア】

床と平行のフライトで、ネットすれすれにするどく飛ぶ球を打ち合う。
ダブルスでよく見られる高速のドライブ合戦は、
バドミントンの見どころのひとつだ

前から
打ったあとのフォローも大切
小指からスイング
タッ

横から

ドライブの練習 Menu 033よりスタート

→ P150　Menu **033**

ねらい　左右から　ドライブで攻める　ノック

リズムよく力を生み出そう

米倉加奈子の Let's try

「タタッ」では左足を蹴って腕を引き、ねじりのパワーをしっかり使うことが大切。オーバーヘッドストローク同様に、上手に体を使って力を生み出そう

左足でしっかり蹴って、腕を引いてねじり切る

タ

腕を準備し、上体をねじり始める

パッ

基本のドライブを連続写真で学ぶ【バック】

速いタッチでとらえて低くするどく返す。
スマッシュをこのドライブで返すことができれば、
反撃に出られる1本になる

前から / 腕を準備し、上体をねじり始める / 左足でしっかり蹴って、腕を引いてねじり切る

パッ / タ

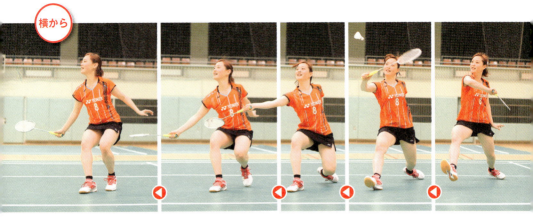

横から

>> ドライブの練習 Menu 033よりスタート

→ P150 Menu 033

ねらい 左右から
ドライブで攻める
ノック

ねじりのパワーを使って小指からスイング

米倉加奈子の
Let's try

フォアハンド同様に、「タタッ」のリズムを使いながら、ねじりのパワーを生み出そう。ねじりのパワーを使うことで小指から入るスイングになる

小指から
スイング

打ったあとの
フォローも大切

タッ

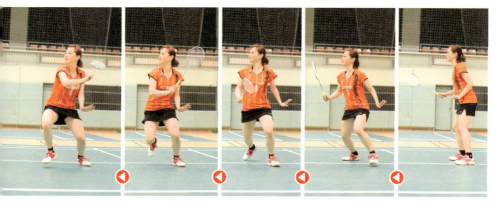

ドライブで攻める

左右から
ドライブで攻める

Menu **033** ノック

SD

難易度 ★★★★★
回数 10回

» 主にねらう能力

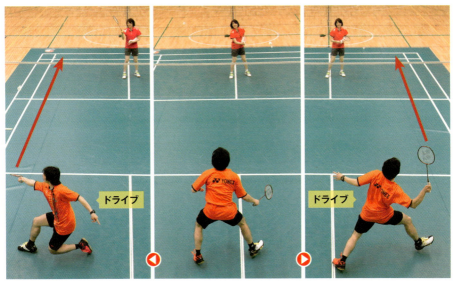

▼やり方

1. フィーダーは左右交互に、床と平行にドライブのような球を出す
2. Aはドライブで返す

❓ なぜ必要？

大きな力をつくって打つ

「バッ」「タタッ」のリズムを使って、下半身からの大きな力をつくって打つ。これをドライブでもできるようにすることが目的

フィーダー ❶フォア側に球出し
練習者A ❷ドライブ

フィーダー ❸バック側に球出し
練習者A ❹ドライブ

ポイント① へそベクトルを下げない

ドライブでもへそベクトルを下げないこと。そのためには、蹴り足が大切。しっかりとコートを蹴ることでへそベクトルが上がり、正しい打点でとらえられるようになる

ポイント② 足からのパワーを使おう

より攻撃的なドライブを打つには、下半身の安定と効率的な体の使い方が必要だ。特にポイントとなるのが、足からのパワー。「パッ」「タタッ」でねじりのパワーを使って、手羽元から腕を振ってラケットにパワーを伝える。このとき、球をコントロールするためには、左足の支えが必要。最初は、この写真のように上体をオーバーに使い、ねじりのパワーを感じて。力の出し方がわかってきたら、ねじりパワーを見せないコンパクトな振りをめざそう

ドライブは手打ちにならない

肩甲骨を意識して、しっかり胸を開いてスイングしよう。打つときは手首だけで打たないように注意して。手首だけで弾く打ち方もあるが、球をコントロールするために小指から入るスイングをして、押し出すように打ってみよう。このように腕のねじりパワーも意識できると、コースだけでなく、球のスピードもコントロールしやすい

手のひらラケット / 小指から / ヒット / フォア

バック

「手のひらラケット」のイメージ

まずは手のひらをラケットに見立てて練習しよう。小指から先行してスイングを始めると、相手からは面が見えていない。ヒット時、手のひらは正面、ゆえに相手にラケット面が見える状態。それから親指・人さし指が先行し、ラケットをかぶせ、押し出しながらフォロー。このとき最後までしっかりと小指を握っていると、球のコントロールができる

フォロー

ドライブで攻める

スматッシュとドライブで攻める

Menu **034** 手投げノック SD

難易度	★★★☆☆
回数	3回

» 主にねらう能力

▼ やり方

1. フィーダーは高い球をラウンド側に上げ、Aはスマッシュで返す
2. フィーダーはフォアサイドに腰のあたりの高さの球を出し、Aはドライブで返す
3. 同じようにフィーダーはフォア奥とバックサイドに球を出し、Aはそれをスマッシュ、ドライブで返す

👉 フィーダーポイント！

フィーダーは練習者と同じコートに入り、スマッシュを打たせるが、スマッシュを打たせたら着地の瞬間に球を出す。ドライブを打たせるための球出しは、シャトルコックを練習者に向けて出すと、ドライブをイメージしやすい

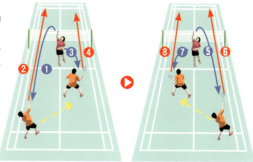

フィーダー ❶ラウンド側に球出し ❸フォアサイドに球出し
練習者A ❷ストレートスマッシュ ❹ドライブ

フィーダー ❺フォア奥へ球出し ❼バックサイドに球出し
練習者A ❻ストレートスマッシュ ❽ドライブ

ポイント① 着地はスタートのイメージで

スマッシュでは空中で足を入れ替え、左足を後ろ、右足を前にするが、軸をぶらさないで着地すること。「打ち終わった」ではなく、「次へのスタート」というイメージを持つことも大切で、着地後の動き出しを意識して速くすること。次の球を高いところでとらえることにつながる

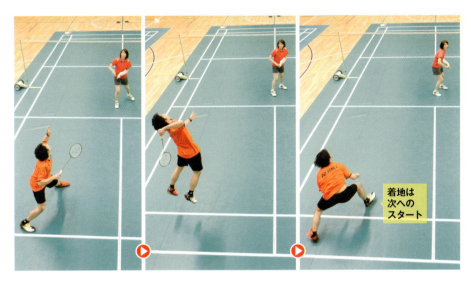

着地は次へのスタート

ポイント② 「パッ」で動く

後ろで打ってサイドに動くときは「パッ」を入れて。このとき、蹴り足でしっかり蹴ることを忘れずに。サイドから後ろに下がるときも同様に、「パッ」。

どちらの「パッ」も、フィーダーが球を出したその瞬間の動きと覚えておこう

サイドに動くとき
パッ

後ろに下がるとき
パッ

ドライブで攻める

アタック力をつける（ねらい）

Menu 035 2対1のパターン　SD

難易度 ★★★★☆
時間 5分
» 主にねらう能力

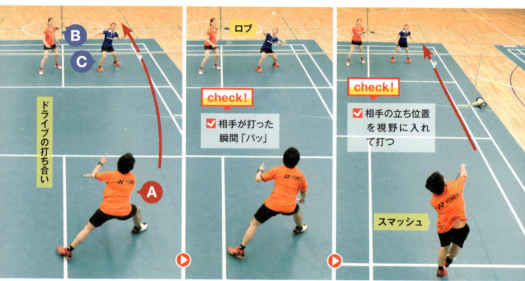

ドライブの打ち合い

check!
☑ 相手が打った瞬間「パッ」

check!
☑ 相手の立ち位置を視野に入れて打つ

ロブ / スマッシュ

▼ やり方

守備BCと攻撃Aとの2対1
1. ドライブを打ち合う
2. BCはときどきロブを上げ、Aはそれをスマッシュで打ち込む

なぜ必要？

切り返し、スマッシュを打つ体勢へ

ドライブは打ちながら前につめていくのが基本。そのラリー中、相手からロブが上がってきてもしっかり入り、スマッシュを打てるように。高速化しているシングルスでも重要な練習

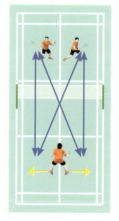

守備BC　ドライブ
攻撃A　ドライブ

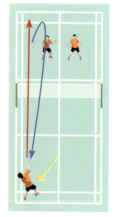

守備BC　ロブ
攻撃A　スマッシュ

ポイント 攻撃チャンスを見逃さない

ドライブ戦で前傾姿勢のとき、急に後ろに上げられた球をクリアーでつないでしまうことが多いが、打ち下ろす球を打ちたい。そのために**相手が打ち上げた瞬間、「パッ」「タ」「タッ」のステップを素早く踏んで、しっかり下がること**。相手の構えている位置を視野に入れて打とう

Extra
ラッキーか、ナイスショットか

　振り返ってみると、私が現役時代、自分で決めてとった得点ポイントは、21点のなかで3分の1程度だったかもしれません。それくらい、相手のエラーを誘ってとったポイントが多いのです。

　バドミントンの試合では「ラッキー」という言葉がよく使われます。相手がミスしてくれて「ラッキー」。

でも、私からすればそれは「ナイスショット」なのです。プレーのなかでエラーを誘い、得点しているからです。ラッキーではなく、自分が打ったショット・コースが効いている！ と自信を持つことや盛り上げられることも勝つ要素。そのためにスピード・質を変化させられる球を打てるようにしておきたいですね。

ドライブで攻める

ねらい 後衛で崩して攻める

Menu 036 2対1のパターン　D

難易度 ★★★★☆
時間 5分

» 主にねらう能力

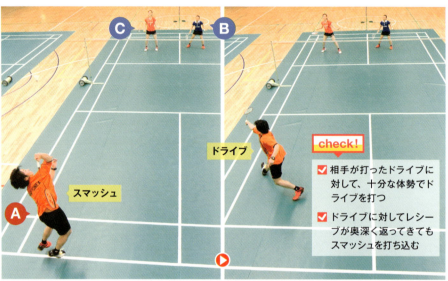

スマッシュ
ドライブ

check!
- ☑ 相手が打ったドライブに対して、十分な体勢でドライブを打つ
- ☑ ドライブに対してレシーブが奥深く返ってきてもスマッシュを打ち込む

▼やり方

A（後衛をイメージ）のための練習
1. Aはスマッシュ、ドライブを打つ
2. BCはドライブか、ロブを上げる。ゆるく落とす球もあり

？なぜ必要？

後衛が連続攻撃で相手を崩す

ダブルス後衛のための練習方法。後衛がスマッシュ、ドライブを組み合わせて、相手を崩していく

Aの打つ範囲

後衛A　スマッシュ、ドライブ

BCの打つ範囲

BC　ドライブ、ロブ、ゆるく落とす球

ポイント ドライブの打点に注意

ドライブでは、球を待つのではなく、<u>前進するつもりで打つ</u>ことが大切。
そこで必要になってくるのは下半身の力。足の踏ん張りを使って打とう

前進するつもりで

Extra

「もっとクリアーの質を上げたい」

「もっとスマッシュの質を上げたい」など、「球の質」という言葉がよく使われます。本書でも出てきていますが、なかなか伝わりにくいものです。しかし、攻め勝つには、とても重要。最初は、こんな球を打ちたい！　と、漠然としたイメージでもいいかもしれません。そのうちにどんな球を打つべきなのか？　立てた作戦で、やるべき「質」が見えてくるはずです。ねらったエリアに正確に打ち分けられることはもちろんのこと、ラリーを切るためのキレのあるショットも、必要になるかもしれません。球のスピードを上げることや、軌道、重さもコントロールできたら、最高に楽しいですよね。一回でいいから、タウフィック・ヒダヤット選手になってプレーしてみたいと、思ったほどです（笑）。

とにかく、練習するしかありません。ひたすらカットを打ち続けて周囲にあきれられたこともあります。必要だと感じればずっと続ける！これは、私の長所ともいえます。反復練習は本当に大切です。それと「球質」を上げるには、やはり体の使い方が重要だと気づかされます。効率のいい動きで、根気よく練習してみてください。

ドライブで攻める

スマッシュを押し込む

Menu 037 1対1のパターン　SD

難易度 ★★★★★
時間 5分
» 主にねらう能力

▼やり方

守備Aと攻撃Bの半面1対1
1. Bはスマッシュを打つ
2. Aはそれをドライブで返し、ドライブ合戦に持ち込む

❓ なぜ必要？

力の入れにくい肩口からも反撃

相手がスマッシュを打ってきたとき、チャンスが生まれやすいのは、打った人の正面にドライブを押し込むこと。ただし肩口に打ち込まれた場合、力を入れにくい。そこからでも反撃できるようにしたい

AとBの打つ範囲

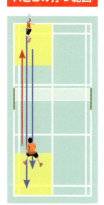

守備A　ドライブ
攻撃B　ドライブ、スマッシュ

スマッシュを返すときの基本のかまえ

足を肩幅に開き、少し前傾してリラックス

ポイント① 胸を張った姿勢で肩口の球にも対処

攻撃Bの攻めどころは守備Aの肩口。肩口はとりづらく、決め球になりやすいからだ。肩口をねらわれても反撃するには、Aは姿勢が大切。**胸を張ってかまえること**。この体勢になれば腕の可動域が広がり、腕を引いてラケットを振るスペースができる。猫背にならないよう気をつけて

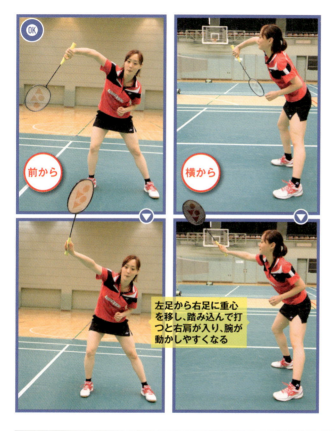

左足から右足に重心を移し、踏み込んで打つと右肩が入り、腕が動かしやすくなる

少ししか振れない

ポイント② フォアハンドを有効に

フォア側の球に対して、フォアハンドでもバックハンドでも返せるが、より攻撃的なドライブにするには、フォアハンドを使いたい。**左足に重心をかけながら、上体は左足を壁にして、股関節からねじり上げる力を大事に**

ドライブで攻める
低い展開からチャンスをつかむ

ねらい

Menu **038** 1対1のパターン　S

難易度 ★★★★☆
時間 5分

» 主にねらう能力
（ラケットワーク／フットワーク／考える力／スピード／コントロール）

クリアーの打ち合い／A／B／スマッシュ／ドライブレシーブ／スマッシュ

▼ やり方

ドリブンクリアーとスマッシュ、ドライブのみのフリー。コートの中盤より奥で打ち合う

 なぜ必要?

ドライブで形勢逆転する

シングルスの練習だが、低い展開でチャンスをつくり、スマッシュで決めることをねらう。また、スマッシュリターンをネット前に返して相手にネットをとるチャンスを与えるのではなく、ドライブレシーブで攻め返すことを意識する

AとBの打つ範囲

ポイント① 体勢を崩さない

パワー対決に負けないようにするためには、スマッシュでもドライブでも体勢を崩さないよう注意し、常に強打できるよう準備しよう

体勢が崩れないようにドライブを打つ

ポイント② 「パッ」「タタッ」のリズムで

ドライブもスマッシュも動きの速さが求められる。「パッ」「タタッ」のリズムを忘れずに使って、すばやい移動、すばやい体勢づくりで高い打点を

Important!!
ポジション位置も気をつけよう

カットが少ない相手、スマッシュが得意な相手を想定した練習。前に落とされる球を警戒しなくてすむので、通常よりも後ろにポジションをとるといい。少しでも失速するスマッシュは、ドライブで攻め返すチャンスになる。また、相手がクリアーしか返せないようなクリアーを打てたら、次の球で素早くスマッシュを打ち込めるよう同じ方向にポジションをとりたい

後ろめのポジション

ドライブで攻める

揺さぶって攻める（ねらい）

Menu 039 1対1のパターン　S

難易度	★★★★★
時間	5分

» 主にねらう能力（ラケットワーク／フットワーク／考える力／スピード／コントロール）

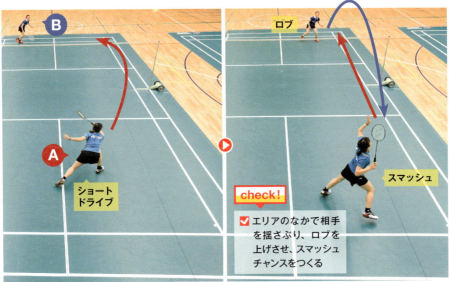

A ショートドライブ　B　ロブ　スマッシュ

check! エリアのなかで相手を揺さぶり、ロブを上げさせ、スマッシュチャンスをつくる

▼やり方

ショートサービスラインから後ろのエリアのみを使ってフリーで打ち合う

AとBの打つ範囲

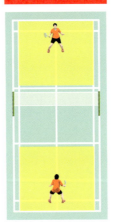

 なぜ必要？

ヘアピンを打たせないラリー

ネットプレーが得意な選手をイメージした練習。ネットにからむヘアピンを打たせないよう、長めのヘアピン（ショートドライブ）でラリーを進め、チャンスをつくる

ポイント① ネット前で高い位置でとらえる

相手を前後左右に揺さぶるためには、ネット前へ入るときに、なるべく高い位置で打球をとらえたい。ヒザから下でとらえると自分の体勢が崩れてしまい、攻撃につなげることができない。ヒザより上でとれば体勢をキープでき、次にスマッシュを打つときにも楽に移動できる

OK
打点がヒザより上

NG
打点がヒザより下

ポイント② 打点の高さで面の返し方が変わる

簡単にはロブを上げたくないもの。サービスライン際を揺さぶる長めのヘアピン(ショートドライブ)を使ってみよう。打点の高さによって面の返し方の違いがある。浮かないようにコントロールするには、上体の安定、足の支え、小指から肩甲骨につながる部分の支えが大切

高い位置
ラケットの先を動かす

▲決め球につながるショットが打てる。面は当てるだけでOK

中間の高さ
ヒジから先を動かし面を返す

▲攻撃につながるショット。丁寧にコントロール

低い位置
小指を先行させシャトルの下に面を入れる

腕全体ですくうように

コラム5 緊張はよいもの

　雰囲気に呑まれることはありますね。自国開催の2006年ユーバー杯は苦い思い出です。会場の東京体育館が満員になっていく様子を見て、嬉しくなる一方、プレッシャーも強くなっていったのを覚えています。背負った責任を果たさなければと、目の前のやるべきこと、相手を崩すことだけを考え、何とか切り抜けました。

　逆だったのは、98年バンコクアジア大会の決勝です。1ゲーム目はわずか1点しか取れず、大ピンチ。ブレイク中、なぜか珍しく報道席に目がいき、大勢いらっしゃるのを見て、「こんな試合、何を書くのだろう」と考えていたのです。本来、パニックになってもおかしくない場面なのに！　なぜか頭が冴え、冷静でした。よく言われる「神が降りてきた」という経験だったのかもしれません。「緊張してしまうのですが、どうしたらいいですか？」。よく聞かれます。緊張が悪いものと考えているのでしょう。でも、むしろ逆で、私は良いものだと考えています。緊張により、実力以上を発揮できることもあります。まったく緊張をしないほうが、怖い。大事なのは、緊張とどう付き合うか？ということです。私は、そうした場面、大きな声を出したり、アウトになるぐらいの力で思い切り打ったりしていました。それで自然と力が抜けてくるのです。

　その後、『勝負脳の鍛え方』の著者・林成之先生の話を聞く機会があり、納得しました。「緊張」とは脳が活発に動いている状態で、それにより筋肉がこわばり、パフォーマンスに影響している。体をほぐせる何かをすれば、良いプレーにつながる。自分のルーティンの動きを確認しても心は落ち着く。そういったお話しでした。

　今度、緊張したら、やった！今日は、いいプレーができるチャンスだ！　そう思って、コートに立ってみてはどうでしょうか？

第6章
指導者に向けて

フィーダーの技術と心得

この本では複数のノックメニューを紹介してきましたが、ここでは、ノックを上げるフィーダーに必要な技術と心得をお伝えします。バドミントンの技術を身につけるための、もっとも基本となる練習がノックです。ひとつのショットを身につけるために、何十本、何百本、何千本ものノックを受けることで、少しずつ自分の打ち方が完成していきます。そのためには、フィーダーが次の点に気をつけて球を出すことが必要です。

→ フィーダーの技術

❶まずは同じところに球を上げる

球を上げるとき、まずは同じところに同じように球を上げます。それを練習者が確実に打てるようになってから、違う軌道、違うところに球を出してください。練習者の球の質を高めるために大切なポイントとなります。

❷手投げではコルク部分を持つ

手投げノックで球を出すときは、シャトルのコルク部分を持って、進む方向にコルクを向けて球を出すといいでしょう。羽根の部分を持つと、シャトルがクルクルと回ってしまいます。

仮想ヘアピン等
▲下手投げで短く出すとき

仮想アタックロブ等
▲下手投げで長く出すとき

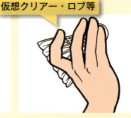
仮想クリアー・ロブ等
▲上手投げで出すとき

❸スピードに気をつける

球出しの間隔をどうするか。そのスピードもとても重要です。遅すぎず、かといって早すぎないスピードで出しましょう。できれば、練習者のスピードより少し速めに、練習者を引っ張る気持ちで出すと、練習者にとってよりよい練習となります。

❹打たせる球種により、出す位置に注意

打たせたい球の種類に合わせて、フィーダー自身がノックを出す位置を変えるといいでしょう。例えば、同じネットショットでも、ヘアピンを打たせたいときはネットの際から投げますが、打球に勢いのあるアタックロブを打たせたいときは、その返球の邪魔にならないようにコートサイドから球を出します。

→ フィーダーの心得

❶声を出して選手を乗せる

選手にとって、ノックは単調できつい練習です。そのため、私はノック練習をする際、選手以上に声を出すことを心がけています。「ナイスショット！」「今の打ち方いいよ！」「パッ、タタッがないよ」。声を出すことによって、選手たちの気持ちを乗せていくのです。

❷目的を意識する

ノックには球の質を高めるもの、速さを求めるもの、足の使い方を身につけるものなど、目的がさまざまあります。目的に合わせた球を出すようにコントロールすることもフィーダーの大切な役割です。例えば、後ろに入るときの足の使い方を身につけるためのノックなのに、スピードのある球を最初から出したのでは、足の使い方は身につきません。まずはスピードを抑え、できるようになってから徐々にスピードアップしていくように気をつけましょう。

お悩み別索引

本編で紹介したポイントを、お悩みごとに検索できるページです。自分の課題に合ったヒントや練習メニューを探すのにお役立てください。

＊数字はページを示す

「動き」を極めるヒント

球の下に速く入りたい	44上
動き出しを速くしたい	51・52・55
前に出る動きを速くしたい	18・61・63下・75
素早く下がって打ちたい	16・72・77・127
左サイドへの跳びつきを速くしたい	15・93
右サイドへの動きを速くしたい	17・93
ラウンド側に速く下がりたい	20・71
ラウンド側でうまく半身になりたい	47
連続で攻撃を仕掛けたい	49・69・129・157・163

Coach Box　Q&A

ラウンド側で半身になれません	125

「オーバーヘッドストローク」を極めるヒント

打つときのタメをつくりたい ───────────────── 28
パワーある球を打ちたい ──────────────── 30・32・33・34
速い球（初速）を打ちたい ─────────────────── 43・131下
クリアーを飛ばしたい ─────────────────────── 29・73
クリアーで攻めたい ────────────────────── 107・116
スマッシュに角度をつけたい ───────────────── 44下・54
威力あるスマッシュを打ちたい ──────── 45・54・69上・73・131下
読まれないカットを打ちたい ─────────────── 102・105・137
カットを打ち分けて相手を揺さぶりたい ──────────── 105・107上
緩急をつけて攻撃したい ───────────────────────── 139
フォア奥に強くなりたい ────────────────── 121・135・137上
ラウンド側に強くなりたい ─────────── 123・124・125・137下
後衛の仕事を覚えたい ──────────────────────── 155・157

Coach Box　Q&A

全力で打っているのにスマッシュが走りません ─────────── 45
自分ではスマッシュを打っているのですが、
先生から「スマッシュを打て」と言われてしまいます ─────── 45
ラウンド側からのストレートスマッシュが
サイドアウトしてしまいます ─────────────────────── 124
クロスカットを打つとサイドアウトしてしまいます ────────── 105
ドロップを打とうとすると、ネットにひっかけてしまいます ───── 139

「ネット前」を極めるヒント

ネット前からの球をコントロールしたい	40
ネット前で読まれずいろいろな球を打ちたい	57・109・165
ヘアピンのミスをなくしたい	36・38
ヘアピンのタッチを速くしたい	39・59
安定したヘアピンを打ちたい	58・59
浮かないヘアピンを打ちたい	59・66
浮かないクロスネットを打ちたい	80・86上
相手の球を読んでプッシュしたい	65
決まるプッシュを打ちたい	93
攻撃的なアタックロブを打ちたい	87
アタックロブをコントロールしたい	87・89
相手に打たせる攻めのロブを打ちたい	103

Coach Box　Q&A

高い打点でヘアピンを打ったはずなのに、相手にきれいなロブを上げられます	39
クロスネットで決めるつもりがアウトしてしまいます	90
アタックロブで追い込んだつもりがバックアウトしてしまいます	89

「ドライブ」を極めるヒント

ドライブで押したい	151・152・159上・161

📍 練習メニューの組み立て方

本書の練習メニューを日々の練習にどう取り入れるか、組み立て例をご紹介。

週に何回、練習できるのか？ また1回の練習時間、コート数、人数によって、さまざまなケースがあるので一概には言えませんが、2時間の練習として、羽根を使った練習時間は、1回1時間半くらいのチームが多いでしょうか。

そこで、1試合のうち1ゲームにかかる時間が約20分、2ゲームで40分を戦うことを想定して、まずはメニューを組み立ててみます。1試合2対0で勝敗が決まるイメージとはなりますが、集中力を高めることにもつながります。そして1時間半の練習なら、40分の練習を、休息をはさんで計2回行う形になります。

✓「立ち上げ」の日
（休み明けなど、休んでいた体を動かし始める日）

体操＆アップ＆基礎打ち 30分

―― 休息5分 ――

- ノック練習 20分
- 打ち分け練習 10分
- スマッシュを入れた
  パターン練習 10分

―― 休息5分 ――

- ゲーム練習 30分〜40分

→時間が余ったら
　トレーニングで仕上げ

✓「ハード」の日
（力を蓄える日）

体操＆アップ＆基礎打ち 30分

―― 休息5分 ――

- 打ち分け練習 10分
- ドライブパターン 10分
- 攻守のパターン各 10分

―― 休息5分 ――

- ゲーム練習 30分〜40分

→追い込むときはスマッシュ＆
　ネットのノックで仕上げ

＊このほかチーム状況によって、組み合わせ方をアレンジしてみましょう。

CONCLUSION
おわりに

　「攻めて勝つ」というテーマに沿った練習メニューはいかがでしたでしょうか。実はここにはもうひとつ、私にとってのテーマが隠されています。それが「エコバドミントン」。効率よく体を使ってバドミントンをすることです。

　近年の高速プレーには目を見張るものがあります。ラケットの進化により、さらにスピードが必要とされてきているのでしょう。振り抜きの良さから初速も速くなり、より攻撃的なプレーを可能にし、より動きの速さも求められているのです。動きばかりに気をとられがちですが、より速くタッチする、より速く戦法を変える、それをより速く読む、といった対応もしていかなければなりません。そして、打つパワーも必要です。ここぞというときに押し切ることや重い球を打ち続けて相手の体力を奪うことも、勝つための大切な要素です。これだけ休む間がなく、体への負担が大きいからこそ、効率のいい体の使い方をすることが、どうしても必要なのです。

　エコバドミントンとは節約のことではなく、効率よく動き、効率よくパワーを出すこと。そのことも意識して練習していただけると、きっとあなたのプレーは大きく変わっていくことでしょう。

米倉加奈子 よねくら・かなこ

●女子シングルスのエースとして、日本を長年率引し、引退後は2009年から12年まで日本代表コーチを務めた。1976年10月29日生まれ。東京都出身。常総学院高ーつくば国際大。小学3年生のときに小平ジュニアでバドミントンを始める。インカレ3連覇など活躍し、98年バンコクアジア大会では、日本に28年ぶりの金メダルをもたらした。卒業後はヨネックスなどに所属。全日本社会人で3回、全日本総合で2回優勝。00年シドニー、04年アテネオリンピック代表。コートのなかを効率よく動くための「動きの質」を大切にし、現在は後進に伝えるべく全国各地で講習会を開いている。

協力 ヨネックスバドミントンチーム

（左から）松浦翔コーチ、鈴木温子選手、土井杏奈選手、早田紗希選手

協　　力	ヨネックス
デザイン	有限会社ライトハウス
	黄川田洋志、井上菜奈美、田中ひさえ、
	今泉明香、藤本麻衣、新開宙
イラスト	丸口洋平
写　　真	菅原淳、井出秀人
写真提供	バドミントン・マガジン
編　　集	永田千恵、三上慎之介（ライトハウス）

差がつく練習法
バドミントン　米倉加奈子式　攻め勝つドリル

2015年8月20日　第1版第1刷発行

著　者／米倉加奈子

発行人／池田哲雄
発行所／株式会社ベースボール・マガジン社
　　　　〒101-8381
　　　　東京都千代田区三崎町3-10-10
　　　　電話　03-3238-0181（販売部）
　　　　　　　025-780-1238（出版部）
　　　　振替口座　00180-6-46620
　　　　http://www.sportsclick.jp/

印刷・製本／広研印刷株式会社

©Kanako Yonekura 2015
Printed in Japan
ISBN978-4-583-10837-7 C2075

＊定価はカバーに表示してあります。
＊本書の文章、写真、図版の無断転載を禁じます。
＊本書を無断で複製する行為（コピー、スキャン、デジタルデータ化など）は、私的使用のための複製など著作権法上の限られた例外を除き、禁じられています。業務上使用する目的で上記行為を行うことは、使用範囲が内部に限られる場合であっても私的使用には該当せず、違法です。また、私的使用に該当する場合であっても、代行業者等の第三者に依頼して上記行為を行うことは違法となります。
＊落丁・乱丁が万一ございましたら、お取り替えいたします。